Der innere König

Rimmine Ameronge

Der innere König

Vom majestätischen Umgang mit sich selbst

Marion von Schröder Verlag

Marion von Schröder Verlag
Marion von Schröder ist ein Verlag des Verlagshauses
Ullstein Heyne List GmbH & Co. KG

2. Auflage 2002

Dieses Werk wurde vermittelt durch die
Literarische Agentur Thomas Schlück GmbH, Garbsen
Umschlagillustration und Zwischentitel von
Mascha Greune
Gesetzt aus der Minion und Cooperplate bei
Franzis print & media, München
Druck und Bindung: Clausen & Bosse, Leck
Printed in Germany

ISBN 3-547-71010-3

Was mag wohl das Schönste am Dasein eines Königs sein? Die Macht? Das Schloss? Das Gold? Das Land? Ich denke, das Allerschönste ist, dass er sich in jedem Augenblick seines Lebens wie ein König fühlt. Und wenn er sich einmal nicht wie ein König befinden sollte, wenn alle Pracht gegangen ist, und er vielleicht in Lumpen gehen muss, dann weiß er doch immerhin, dass er ein König ist. Und tief in seinem Innersten wird ihn dieser Gedanke aufmuntern. Seltsam nur, dass wir uns nicht alle wie die Könige fühlen. Wo es doch so leicht sein könnte. Und auch so angenehm für die anderen.

C. C. Steinthier: Französisches Tagebuch

VORBEMERKUNG

Der innere König schläft in uns allen, in Männern, Frauen und Kindern, in Buchhändlern, Börsenbrokern, Bardamen und Bettlern, in Online-Junkies und Inlineskatern, in jedem armen Ritter, in jedem Karrieremädchen. Kleine Kinder sind meist königlich. Bis irgend jemand ihnen sagt, dass sie sich gefälligst unterordnen sollen. Der noch sehr kleine innere König fällt dann, kaum hat er sich zu regen begonnen, in einen tiefen Dornröschenschlaf, an seiner Stelle erhebt der innere Schweinehund sein Haupt und übernimmt nach und nach die Kontrolle.

Den inneren König wieder zum Leben zu erwecken ist nicht ganz leicht, denn vor der Tür zu seinen geheimen Gemächern liegt dick und faul sein ärgster Widersacher, der innere Schweinehund. Keine zehn Pferde können ihn bewegen und den Weg freimachen für den König, aber dieses Buch kann es. Es bietet in zehn Kapiteln Strategien, Übungen und Regeln, die alle Lebensbereiche umfassen, die stark machen für die längst notwendige Revolution und die Befreiung des Königs.

So etwas geht nicht von heute auf morgen. Wohl aber in einem Monat oder zweien. Könige rechnen gern in Monden.

Man braucht für dieses Programm keinen Hermelinmantel und kein Zepter, denn der König muss keine große Pracht entfalten und auch keine Reichtümer anhäufen. Er muss noch nicht einmal eine Krone tragen. Ein guter Haarschnitt tut es auch.

Wer dieses Buch liest, wird keine Macht über andere erlangen. Und es zu keinem Gefolge bringen. Aber er wird sich bald gelassener fühlen, sich nicht mehr verletzen lassen und das Leben mit großer Souveränität meistern. Einfach auf eine königliche Art in sich ruhen. Verneigen Sie sich vor sich selbst.

Es lebe der innere König!

1

DER KÖNIGLICHE KÖRPER

1. Der scharfe Blick

Jeder Mensch, der einmal eine Frauenzeitschrift in der Hand hatte, weiß, wie man theoretisch eine bestimmte Art von Körper herstellt, einen Körper, der der gültigen allgemeinen Ästhetik angepasst ist, der ein bestimmtes Gewicht und ein bestimmtes Trainingsniveau hat. Um einen solchen modischen Körper herauszubilden und über Jahre auf einem stabilen Niveau zu halten, muss mancher tüchtig ackern und nicht wenige sind gezwungen, ihr Programm aus Diät, Sport und Wartung des Körpers in den Mittelpunkt ihres Daseins zu stellen.

Und warum haben Sie eigentlich nicht so einen Alabasterkörper? Lesen Sie keine Zeitschriften? Oder haben Sie vielleicht einen Feind, der Sie daran hindert, einen Traumkörper herauszubilden? Und lieben und hätscheln Sie diesen Feind wie ein gutmütiges Haustier? Ist das etwa Ihr innerer Schweinehund? Mögen Sie ihn? Oder wollen Sie ihn lieber loswerden?

Vielleicht können Sie sich einfach nur nicht gegen ihn durchsetzen. Aber keine Angst, Hilfe naht. Denn bald haben Sie einen starken Verbündeten, der nur für Sie da ist, der sie beschützt und stärkt, und der immer loyal ist, nicht zuletzt deswegen, weil er ein Teil Ihres eigenen Wesens ist: Ihr innerer König. Und hungern oder joggen (womöglich noch mit dem inneren Schweinehund an der Leine) müssen Sie unter seinem Regime auch nicht.

Der innere König hat ohnehin anderes zu tun, als

sich den ganzen Tag vor dem Spiegel zu drehen. Dennoch ist es natürlich wichtig, dass auch sein äußeres Erscheinungsbild würdig ist. Um dem inneren König zu einem adäquaten körperlichen Ausdruck zu verhelfen, braucht es nur wenig Aufwand. Wer den inneren König aus seinem Schlaf erwecken will, muss ein konsequentes und umfassendes Selbstkultivierungsprogramm durchführen. Die Schönheit bleibt dabei nicht auf der Strecke. Denn alle Menschen, die den inneren Schweinehund vertrieben und ihren inneren König entwickelt haben, sind in den Augen ihrer Mitmenschen hoch attraktiv. Sie sind stark und selbstbewusst, sie sind unverwechselbar, charaktervoll und charismatisch, sie strahlen von innen. Und sie haben eine Menge Zeit für die wichtigen Dinge im Leben, für das Vergnügen beispielsweise.

Aber verlieren wir keine Zeit.

Die Kammerzofen-Übung

Beginnen wir gleich mit einer Übung. Es ist die Kammerzofen-Meditation. Sie dient dazu, dem noch verunsicherten inneren König eine größere Klarheit über den Stand der Dinge zu verschaffen. Er muss zunächst einmal lernen, einen kühlen Blick auf sein eigenes Dasein zu werfen. Die Kammerzofen-Meditation hilft ihm dabei.

Bei der Kammerzofen-Meditation handelt es sich um eine Konzentrationsübung. Setzen Sie sich bequem auf einen Stuhl, atmen Sie einige Male tief aus und schließen Sie die Augen: Versetzen Sie sich nun in Ihr eigenes Schlafzimmer. Es ist ein ganz gewöhnlicher Morgen, keine besonderen Vorkommnisse. Nur ein kleines Detail ist anders als sonst. Es ist nämlich noch jemand im Raum, ein Mensch, den Sie mit seinem Vornamen und mit »Sie« anzusprechen pflegen. Es ist jemand, den Sie für seine Dienste bezahlen. Es handelt sich um ein Mitglied des Hauspersonals.

Während Sie sich selbst noch im Bett räkeln, müssen diese Leute bereits arbeiten. Stellen Sie sich nun vor, dass nicht Sie selbst es sind, der morgens die Vorhänge Ihres Schlafgemaches aufzieht. Das tut eine Kammerzofe, falls Sie eine Dame sind, oder ein Kammerherr, falls Sie ein Mann sind.

Zwar weiß man, dass diese Leute seit Jahrhunderten darauf trainiert worden sind, nicht hinzugucken. Aber letztlich tun sie das dann ja doch. Was sieht die Kammerzofe? Was sieht der Kammerherr? Ein zuletzt vor sieben Wochen frisch bezogenes Bett vielleicht? Ein umgekipptes Glas Rotwein auf dem Nachttisch? Eine Gestalt mit dem Teint und dem Outfit einer Moorleiche? Das ist kein innerer König. Das ist überhaupt kein König.

Fürchten Sie sich nicht. Machen Sie lieber gleich im Anschluss eine weitere Übung.

Die Museumsübung

Atmen Sie wieder mit geschlossenen Augen tief aus und versetzen Sie sich gedanklich in eine weit entfernte Zukunft. In Ihrer Heimatstadt wird ein Museum eröffnet, das nicht nur nach Ihnen benannt ist, sondern in dem sich auch ausschließlich Gegenstände aus Ihrem Besitz befinden.

Sie selbst sind natürlich schon lange tot.

Schon morgens um zehn bilden sich lange Schlangen vor den Kassenhäuschen. Das Museum, das Ihren Namen trägt, ist eine der wichtigsten neuen Attraktionen in der Region.

Wir betreten den ersten Raum: Schlafzimmer des Königs. Frühes drittes Jahrtausend. Die Museumsführerin bittet in vier Sprachen um Ruhe, bevor sie mit ihrem Vortrag über Ihr Leben beginnt. Gedämpftes Licht. Hinter einer roten Kordel steht dort Ihr Bett. Darauf drapiert, Ihr Nachtgewand. Ein Strahler ist darauf gerichtet. Einige persönliche Sachen auf dem Nachttisch. Den Museumsbesuchern, aber vor allem den Japanern, ist es natürlich verboten, zu fotografieren. Dafür gibt es Postkarten von allen Motiven im Museumsshop zu kaufen. Von Ihrer Kommode beispielsweise, mit aufgezogener Schublade. Die Besucher recken die Hälse, um zu sehen, was Sie darin aufbewahrt haben. Nur schöne Dinge waren es. Vielleicht war manches einfach. Aber es war würdig. War es das wirklich?

Achten Sie darauf, dass alle Gegenstände, mit denen Sie umgehen, eine gewisse Würde haben. Je näher Ihnen ein Gegenstand kommt, desto wichtiger ist seine Würde.

Sie müssen nicht Ihre Unterwäsche bei Chanel kaufen und sich die Nachthemden in London maßschneidern lassen, um Ihren inneren König zu erwecken. Und Sie sollen auch nicht das Gefühl haben, sich selbst ständig von außen beobachten zu müssen. Alles, was Sie an Ihrem königlichen Leib tragen, sollte von guter Qualität sein und eine gewisse Zeitlosigkeit ausstrahlen. Unterhosen mit dem Aufdruck der Wochentage sind nicht würdig genug.

Es muss eine Balance geben zwischen dem, was Ihr Körper nach außen darstellt, und dem, was Sie wirklich sind.

Wenn Sie morgens für gewöhnlich als eine perfekt gestylte Göttin das Haus verlassen, deren Wimpern einzeln getuscht sind, zerstört es Ihre Balance, wenn Sie zu Hause ein ungemachtes Bett hinterlassen, auf dessen Kopfkissen sich die Spuren des letzten Frühstücks finden. Das Nest, das Sie morgens verlassen, und in das Sie abends wieder zurückkehren werden, muss Ihr Nest sein. Luxuriös wie Sie. Schlampig wie Sie. Billig wie Sie. Oder distinguiert wie Sie. Genauso unordentlich wie Ihre Haare, oder genauso altmodisch wie Ihre Handtasche. Nicht, weil jemand Sie sehen könnte. Den meisten anderen Leuten ist Ihre Balance garantiert egal. Sie tun das alles für sich selbst.

2. Die königliche Ausrüstung

Der innere König braucht nur geringen weltlichen Besitz. Aber einen Gegenstand braucht er ganz bestimmt. Ein Kleidungsstück, das jeder König im Schrank haben sollte. Es ist ein würdiger Mantel. Dieser Gegenstand ist wichtiger als Geld und Gut, gleichwohl sollte er seinen Preis haben. Dieser Mantel muss der beste und schönste sein, den man sich gerade eben noch leisten kann.

Er sollte nämlich aus einem möglichst guten Tuch gemacht sein: Samt, Leder, Leinen oder auch Kord. Wichtig ist, dass der Mantel formal betrachtet absolut moderesistent ist, denn schließlich muss er ewig halten. Er sollte klassisch geschnitten sein, also entweder ein gerader Ein- oder Zweireiher, oder aber – ebenso klassisch – gegürtet.

Betrachten Sie sich kritisch im Spiegel und bedenken Sie: sexy ist etwas anderes als würdig. Einen würdigen Mantel tragen Sie zum Beispiel bei einer Beerdigung, bei der Verleihung des Bundesverdienstkreuzes, auf Reisen oder wenn Sie um Entschuldigung dafür bitten müssen, dass Ihr Sohn die Geldbörse der alten Nachbarin gestohlen hat. Für einen würdigen Mantel gibt es unzählige Einsatzmöglichkeiten.

Der würdige Mantel sollte eine gedeckte aber eindeutige Farbe haben: Alle Blau- und Grüntöne, klares Grau, Schwarz und alle gesättigten Brauntöne sind gut. Gelegentlich gibt es auch Menschen, die in weinrot würdig aussehen oder in einem tiefen Violett. In Weiß dagegen sieht bestenfalls der liebe Gott würdig aus. Bedenken Sie beim Kauf, dass der Mantel viele Zwecke erfüllen muss: Einerseits sollte er seinen Besitzer ebenso attraktiv wie unangreifbar aussehen lassen, andererseits muss er ihm auch bei einem schweren Gang die erforderliche äußere Haltung verleihen.

Aber der König sollte ihn sich auch überwerfen können, wenn er aus irgendeinem Grund morgens um drei für immer das Haus verlassen muss, weil böse Mächte hinter ihm her sind. Weil er sich entschlossen hat, ins Exil zu gehen. Weil draußen auf der Straße jemand schreit und er ihm zur Hilfe eilen muss. Oder weil es brennt. Wer möchte schon morgens um drei als Überlebender in die Kameras eines Fernsehteams blicken und sich mit den Händen den wabbeligen Kragen eines Frotteebademantels zukrallen. Niemand. Wenn es sich bei der sich ereignenden Katastrophe nicht gerade um einen Schiffsuntergang handelt, ist der würdige Mantel, der auch ruhig etwas schwerer sein darf, immer die richtige Wahl.

Nach einem Kleidungsstück wie diesem muss man womöglich lange suchen, vielleicht auch an ungewöhnlichen Orten. Manchmal ist es auch eine gute Idee, auf einer Auktion oder bei einem guten Secondhandladen einen gebrauchten Mantel zu kaufen, der schon einen anderen inneren Herrscher warm gehalten hat.

Für Damen und Herren kann es übrigens gleichermaßen vorteilhaft sein, wenn das gute Stück vielleicht noch einen Kragen aus möglichst echtem und kostbarem Pelz hat. Der wärmt den Hals und das Herz und erinnert durch die leicht kitzelnden Pelzhaare in schwierigen Situationen daran, den Kopf immer schön hoch zu tragen.

Schmuck und Geschmeide

Es ist nicht gut, geheime Kammern zu unterhalten. Was für einen König im Märchen ja noch angehen mag, ist für den inneren König nachgerade schädlich. Falls er eine Menge Gold besitzt, dann sollte er es nicht zu Hause in einem Versteck aufbewahren oder an einem anderen Ort mit dunkler Energie, sondern den Schmuck lieber sichtbar an seinem Körper oder zur Verschönerung seiner Kleidung tragen. Ringe und Armreifen sind nicht wie Unterhosen, die man jeden Tag wechselt. Guter Schmuck wird durch dieses Hin- und Hergefummel zum Accessoire degradiert.

Falls Sie tatsächlich drei oder vier wertvolle Ringe besitzen sollten, die Ihnen alle gleichermaßen schön vorkommen, überlegen Sie doch mal, ob Sie nicht alle verkaufen sollten und sich dafür lieber einen richtig guten zulegen, den Sie dann allerdings jeden Tag tragen, egal, ob Sie gerade das Badezimmer wienern oder an der Kinokasse warten. Ein wertvoller Ring kann den kompletten Alltag seines Besitzers vertragen. (Und einen Fußboden zu schrubben, macht etwas mehr Spaß, wenn man dabei eine fünftausend Euro teure Uhr am Handgelenk trägt.)

Was ist es aber, das den Umgang mit Gold und Edelsteinen so erhebend macht? Es ist das Energiefeld, das sie umgibt, es ist mächtig und stark. Und Sie können es auf sich übertragen.

Die Hofjuwelierübung

Bestimmt gibt es in Ihrer Stadt oder in der nächstgelegenen Großstadt einen guten Juwelier, einen von der Art, bei dem man klingeln muss, um überhaupt hineingelassen zu werden. Nehmen Sie all Ihren bisher gesammelten königlichen Mut zusammen und tun Sie es. Klingeln Sie und tragen Sie vor, dass Sie sich gern Brillantringe anschauen möchten. Oder Kolliers. Oder Uhren. Entspannen Sie sich, nehmen Sie Platz und lassen Sie sich vorführen, was der Juwelier Schönes für Sie hat. Lassen Sie sich unbedingt Zeit, wenn Sie nun die kleinen kostbaren Schmuckstücke durch Ihre Hände gleiten lassen. Bitten Sie um einen Handspiegel und betrachten Sie sich ausführlich, während an Ihrem Ohr ein Einkaräter blitzt oder eine Titanuhr an Ihrem Handgelenk schimmert. Konzentrieren Sie sich darauf, von dem großen Energiefeld zu profitieren, das diese kleinen Gegenstände umgibt. Nehmen Sie diese Energie in sich auf. Lassen Sie sich Schmuckstücke zeigen, die wirklich zu Ihrem Stil und zu Ihrem Leben passen. Nehmen Sie die Beratung des Verkäufers an und fragen Sie ihn nach seiner Meinung. Informieren Sie sich umfassend, zeigen sie sich interessiert und aufmerksam.

In den meisten Juweliergeschäften dürfte man Ihnen etwa eine Viertelstunde Zeit geben, auch wenn langsam klar werden sollte, dass Sie bei diesem Besuch nichts erwerben werden. Beenden Sie die Übung, indem Sie sich die Karte des Verkäufers geben lassen, und mit einem Dank wieder gehen.

Das sagt der innere Schweinehund

Würde der Umgang mit Juwelen nicht Begehrlichkeiten in mir wecken? Und könnte ich nicht unzufrieden werden, weil ich mir den Schmuck sowieso nie werde leisten können?

Ich habe Angst davor, von oben herab behandelt und von der ungewohnten Umgebung beim Juwelier eingeschüchtert zu werden. Dann nützen mir die Energien der Steine und des Goldes gar nichts.

Königlicher Rat

Niemand wird Sie von oben herab behandeln, wenn Sie das nicht zulassen. Aber: Machen Sie diese Übung nicht zu früh während des Programms. Sonst könnte es sein, dass man nicht einmal zu den Tresoren im Keller hinabsteigt, um Ihnen die allerfeinsten Stücke heraufzuholen. Die mit dem ganz starken Energiefeld.

Übrigens unterstützt ein schöner Duft das königliche Gefühl. Dazu ein kleiner, aber wichtiger Hinweis: Sprühen Sie Ihr Parfüm nicht einfach auf Handgelenke oder in die Kniekehlen, weil Sie irgendwo gelesen haben, dass sich der Duft dort besonders gut verteilt. Ein König parfümiert sich so: Stellen Sie sich morgens nach dem Baden vor den Spiegel, so wie Gott Sie geschaffen hat. Nehmen Sie den Sprühflakon mit Ihrem Lieblingsduft in die Hand und machen Sie eine tiefe Verbeugung vor sich selbst. Nun sprühen Sie sich das Parfüm auf den Rücken. Ein Sprühstoß genügt. Der Duft umhüllt den kompletten König nun den ganzen Tag lang, er stützt ihn und er stärkt ihm den Rücken.

3. Das Lebensgefühl

Es gibt eine ganz einfache Grundregel: Der innere König sollte nicht über seinen Körper oder über den Körper eines anderen sprechen.

Dennoch gibt es natürlich Situationen, in denen das unumgänglich ist. Stellen Sie sich vor, dass Sie mit einer Freundin ein Wochenende auf dem Land verbringen wollten. Aber Sie können nicht fahren, denn plötzlich sind Sie krank geworden. Oder: Sie sind zum neunzigsten Geburtstag Ihrer Urgroßtante eingeladen. Die Tante ist munter wie ein Fisch. Sie sind es, die krank geworden ist. Oder: Sie sind dazu bestimmt worden, beim Jahresbasar des Tennisclubs die Lose zu verkaufen. Das würden Sie auch gerne tun, wenn Sie sich denn überhaupt auf den Beinen halten könnten. Können Sie aber nicht, denn Sie sind krank geworden. Da werden Sie wohl oder übel eine Erklärung abgeben müssen.

Wenn Sie es bei der schlichten Information belassen können, dass Sie absagen müssen, ist das gut so. Auf so eine schnörkellose Mitteilung fragen weniger Leute nach, als man denkt. Manchmal aber gelingt das nicht. Denn Ihr Gegenüber wird möglicherweise doch wissen wollen, was denn los sei. Und dann sind

Sie wieder an der Reihe. Und könnten nun eigentlich schildern, wie es genau um Ihren vereiterten Zahn, Ihre Niere oder die Salmonelleninfektion steht, was der Arzt gesagt hat und welche Therapie er vorschlägt. Aber das tun Sie nicht! Gar nichts werden Sie sagen.

Abgesehen davon, dass nichts auf der Welt so langweilig ist wie die Krankengeschichte eines anderen, hat die Schilderung von eigenen Malaisen einen furchtbaren Effekt auf den Kranken selbst, den wir übrigens ab jetzt den Genesenden oder auch den Verletzten nennen wollen: Durch die Schilderung der Krankheit nämlich verstärken wir sie in unserer eigenen Wahrnehmung und in der Wahrnehmung der anderen. Wirklichkeit wird auch durch Sprache geschaffen.

Es geht nicht darum, zu lügen. Und schon gar nicht darum, bestimmte Benimmregeln aufzustellen. Die Regeln machen Sie selbst, denn Sie sind schließlich der König. Es geht vielmehr um das Bild, das wir selbst und auch andere von uns haben. Dieses Bild wirkt auf uns. Es wird vielleicht nicht die ganze Realität verändern, aber es verändert möglicherweise die Tendenz.

Im Grunde gibt es nur vier Unpässlichkeiten, an denen der Mensch mit voll entwickeltem inneren König leiden kann, und über die man auch – kurz – reden darf. Diese sind: Migräne, Reitunfall, Jagdverletzung und eine Tropenkrankheit.

Die Unpässlichkeitsübung

Das Verfahren ist ganz einfach. Sagen Sie bei Gelegenheit einen Termin ab und warten Sie, ob überhaupt nachgefragt wird, was denn mit Ihnen los ist. Meistens geschieht das nämlich gar nicht. Vielmehr sind wir alle es so sehr gewohnt, über unsere Befindlichkeiten Auskunft zu geben, dass es uns gar nicht mehr auffällt, wenn diese Information vielleicht nicht unbedingt erwünscht ist.

Und wenn doch: Lassen Sie keinen Zweifel daran, dass Ihnen die Nachfrage gewaltig auf den Wecker geht. Dann entscheiden Sie sich für eine der oben stehenden Möglichkeiten und nennen knapp den Grund für Ihre Absage in einer der vier oben stehenden Kategorien. Dazu müssen Sie weder lügen noch die Wahrheit frisieren. Im Grunde genommen lassen sich sämtliche bekannten Krankheiten in dieses Schema pressen.

Erste Möglichkeit: Sie haben eine fiebrige Grippe, Brechdurchfall, ein Furunkel am Fuß oder Sodbrennen? Keine Details bitte. Das alles nennt man Migräne. Mehr müssen Sie nicht sagen. Und mehr werden Sie auch nicht sagen. Nicht einmal in Ihren eigenen Gedanken.

Zweite Möglichkeit: Sie haben zu lange Tennis gespielt und sich dabei die Sehnen entzündet. Sie haben bis morgens um vier im dünnen Hemdchen gesumpft und auf einem Biergartentisch getanzt, bis Sie herunterfielen. Oder haben Sie vielleicht bei dem Versuch, die Winterstiefel aus dem Schrank zu angeln, das Gleichgewicht auf der Haushaltsleiter verloren? Vorkommnisse dieser Art werden unter dem Begriff Reitunfall zusammengefasst.

Dritte Möglichkeit: Ihr Freund hat Ihnen ein blaues Auge geschlagen. Sie sind beim Inlineskaten mit einem Baum kollidiert oder Ihnen ist der Rasenmäher über den Fuß gefahren: Jagdunfall.

Vierte Möglichkeit: Sie fühlen sich einfach nur komisch und wissen nicht, warum. Vielleicht haben sie noch nicht einmal Lust, deswegen gleich zum Arzt zu gehen: Das ist der klassische Fall einer Tropenkrankheit.

Sind Sie ein empfindlicher Zeitgenosse? Reagiert Ihr Körper leicht auf Wetteränderungen und leiden Sie an Allergien? Bekommen Sie Kopfschmerzen, wenn Sie traurig sind? Und ist es dann nicht hilfreich, wenigstens Arbeitskollegen detailliert davon berichten zu können, um sich etwas Erleichterung zu verschaffen? Glauben Sie, dass Sie es schaffen könnten, nicht mehr so häufig über Ihre Zipperlein zu reden?

Das sagt der innere Schweinehund

Manchmal tut es gut, über seine Krankheiten und Wehwehchen zu sprechen. Manchmal möchte man auch Mitleid. Soll ich ganz darauf verzichten?

Was mach ich, wenn ich am dritten Tag ein ärztliches Attest brauche, und da steht gar nicht »Tropenkrankheit« drauf?

Ich habe sowieso schon ein schlechtes Gewissen, wenn ich mich krank melde, dann muss ich das doch wenigstens begründen, oder etwa nicht?

KÖNIGLICHER RAT

Was auf dem Attest steht, geht Ihren Chef überhaupt nichts an. Er darf es zur Kenntnis nehmen, aber keinesfalls mit Ihnen darüber diskutieren. Und lassen Sie auch Ihre Kollegen aus dem Spiel. Wenn sich darunter wirkliche Freunde finden sollten, werden sie ihre trostreiche Wirkung auch bei einer Tasse Tee und einem Gespräch über den Trainerwechsel bei Schalke entfalten können.

4. DIE SCHÖNHEIT

Am schönsten sind die Menschen, die diese beiden Dinge im Leben wissen: Dass sie mit Sicherheit hundert Jahre alt werden, und dass das Leben ein Genuss ist.

Schönheit kommt von innen. Von dem, was wir denken, von dem, was wir fühlen, und von dem, was wir essen. Wenn wir an unsere eigene Langlebigkeit glauben, uns prima fühlen und täglich etwas Obst essen, kann eigentlich nicht mehr viel schief gehen.

Haben Sie keine Angst. Weder vor Krankheiten noch vor Unfällen. Und lassen Sie es locker angehen. Die meisten Langlebigen sind sorglose Menschen, die keinesfalls die Gesundheit in den Mittelpunkt ihres Daseins gestellt haben. Dennoch aber sollten Sie sich an einige Regeln halten, die Ihnen die besten Voraussetzungen für ein langes Leben geben.

Zehn Regeln für ein langes Leben

1. Immer auf bestens gepflegte Zähne achten.
2. Immer auf die beste aller Verdauungen achten.
3. Fingernägel kurz und sauber halten.
4. Regelmäßig zur Pediküre gehen.
5. Möglichst wenige Lebenslügen konservieren.
6. Sich einmal im Leben malen lassen.
7. Täglich und bei jedem Wetter spazieren gehen.
8. Einen Garten pflegen oder ein Aquarium halten.
9. Getrennte Sommer- und Winterkleidung besitzen.
10. Jeden Tag etwas Obst essen.

2

Schlösser und Gemächer

1. Der König regiert in aller Unschuld

Wenn Sie sich weiterhin mit diesem Buch beschäftigen, wird sich nach und nach Ihr ganzes Leben ändern. Einmal erwacht, wird der innere König immer mehr die Herrschaft über Ihr Leben übernehmen. Sie werden sich befreit fühlen. Man wird es Ihnen ansehen, dass Sie in sich und in Ihrer Stärke ruhen. Sie werden anziehend auf Ihre Mitmenschen wirken. Sie werden sich glücklich fühlen und sich fragen, warum Sie nicht schon eher damit angefangen haben, Ihr Leben zu regieren. Und bestimmt fragt Sie sogar jemand, was mit Ihnen los ist, woher die Veränderung kommt und warum Sie sich jetzt so und nicht anders verhalten.

Seien Sie sich über eines im Klaren. Das Programm hilft auch, wenn Sie nicht wissen, was Sie da tun. Das ist in etwa so wie bei dem Physiker und Nobelpreisträger Nils Bor, der eines Tages in seinem Ferienhaus Besuch von einem seiner Studenten bekam. Der junge Mann war sehr überrascht, über der Tür von Bor ein Hufeisen zu entdecken. Befragt, warum denn ausgerechnet ein berühmter Naturwissenschaftler wie Bor an solche Glücksbringer glaube, antwortete Bor, das tue er gar nicht, er halte das natürlich für Humbug. Aber er habe gehört, dass es auch helfe, wenn man nicht daran glaube.

2. Der König krönt sich selbst

Christus ist König, weil er das Chaos der Welt geordnet hat. Buddha ist König, weil er das Chaos der Welt ertragen hat. Allah ist König, weil er das Chaos der Welt beschrieben hat. Die Adeligen der vergangenen sechstausend Jahre Menschheitsgeschichte waren Könige, weil sie das Chaos in ihren Königreichen in Ordnung verwandeln wollten, mit mehr oder wenig großem Erfolg im menschlichen Bereich. Karl Lagerfeld ist der Modekönig, weil er den chaotischen Gewändern der Menschen eine neue Ordnung gegeben hat. Lauter Könige. Und lauter Kritiker des Chaos. Sie alle hatten es von jeher auch schwer.

Zum Beispiel auch Ludwig der Sechzehnte, der Mann von Marie Antoinette. Er war eigentlich kein fleißiger Staatsmann, ein König war er dennoch. Er soll ein freundlicher Mann gewesen sein, der am liebsten in seinem Garten herumwerkelte, der ihm übersichtlicher erschien als sein komplettes Land, und der gerne kleine Papiervögel herstellte, die er dann über die königlichen Rosenbeete fliegen ließ. Er liebte die Ordnung und die Schönheit des Augenblicks. Bestimmt hätte Ludwig zumindest einen sehr netten Großvater abgegeben, wenn er nicht das Pech gehabt hätte, im Zuge der Französischen Revolution von den Jakobinern enthauptet zu werden.

Seither waren die Tage aller anderen Könige ebenfalls gezählt. Nach und nach breitete sich auf der ganzen Welt eine Strömung aus, die nunmehr immer ein komplettes Volk zum Souverän erhob. Eine prima Idee mit Schwächen. Denn wenn das Volk der König ist, kann allerlei geschehen. Die Möglichkeiten reichen von der Lichterkette bis hin zur Lynchjustiz.

Wir aber sind dazu aufgerufen, unsere Gesellschaft weiter zu entwickeln. Nicht das Volk ist der ideale Souverän, ebenso wenig wie der blaublütige Herrscher. Das Individuum alleine ist der ideale König, jeder einzelne für sich. Nicht der mündige Staatsbürger regiert. In einer besseren Welt regiert der innere König.

Der individuelle Mensch muss selbst sein Chaos ordnen und dem Chaos der Welt so die Stirn bieten. Einerseits nehmen wir damit durchaus Teile eines alten Adelsprinzips auf. Andererseits aber ist die Stärkung des inneren Königs etwas völlig anderes, weil der Auftrag zur Ordnung der Welt nunmehr dem Individuum von sich selbst und aus eigener Kraft übertragen wird. Aus Staatsbürgern müssen Könige werden. Der innere König muss von jedem einzelnen Menschen entwickelt werden.

3. Der König braucht ein Zuhause

Der innere König kann alles Mögliche sein, ein Künstler oder ein Koch, ein Morgenmensch oder eine Nachteule, ein Phlegmatiker oder ein Brausekopf. Aber eines ist er auf jeden Fall: Er ist ein Realist.

Allerdings sieht dieser Realist nicht seine Aufgabe darin, das Chaos der Welt in seinen eigenen vier Wänden abzubilden. Vielmehr ist der innere König Sinn bildend an sich. Wie sein Körper so ist auch seine Wohnung ein von ihm möglichst weit gehend gestaltetes Ordnungssystem, durchgeplant wie ein Barockgarten, aber nicht unbedingt barock. Wie dieses Ordnungssystem sich nach außen hin darstellt, ist seine eigene Sache. Im Extremfall könnte die Ordnung sogar als Chaos getarnt sei. Arbeitszimmer von Wissenschaftlern sind das manchmal. Wichtig ist nur, dass die Ordnung im Inneren Bestand hat.

Der innere König kann zwar theoretisch auch in einem Stadtpalais oder einem Herrenhaus residieren, warum eigentlich nicht? Aber er muss es nicht. Der überwiegende Teil der majestätischen Persönlichkeiten auf der Welt lebt in normalen Mietwohnungen oder Eigenheimen, in Wohngemeinschaften und Studentenbuden. Das tut der Erhabenheit aber keinen Abbruch.

Ein Schloss finden

Etwas zu finden, ist ein aktiver Prozess, das Gegenteil von Abwarten. Gehen Sie niemals auf Wohnungssuche. Allein schon der Gedanke, dass Sie etwas suchen könnten, schwächt die Energie des inneren Königs, da in dem Wort »Suche« das mögliche Scheitern bereits enthalten ist. Stellen Sie das Suchen grundsätzlich ein.

Machen Sie sich an einem schönen Herbstmorgen in den Wald auf, um Pilze zu finden. Oder fahren Sie ans Meer und finden Sie Wellhornschnecken oder hübsche Steine. Lassen Sie sich vom Ergebnis Ihrer Expedition überraschen. Finden Sie im Laufe Ihres Lebens alles, was Sie haben wollen: das verlegte Schlüsselbund, das Kleeblatt mit vier Blättern, einen guten Job, irgendwann einmal Ihren Partner und auch die perfekte Wohnung.

Für die Wohnungssuche müssen Sie sich vor allem stark fühlen, also machen Sie sich nicht kleiner als Sie sind. Kein Vermieter möchte seine Miete von einem Schwächling überwiesen bekommen. Wenn Sie sich wirklich stark fühlen, dürfte es keine Schwierigkeiten machen, eine gute Wohnung zu finden.

Auf dem überlaufenen Münchner Wohnungsmarkt erzielten im vergangenen Herbst zwei junge Studenten mit folgendem Aushang an Straßenbäumen einen großen Erfolg: »Königspaar im Exil sucht schöne Wohnung in genau dieser Gegend.« Sie bekamen fast hundert gute Angebote, darunter waren drei bezahlbare Villenetagen, von denen sie sich die schönste und günstigste aussuchten.

Besichtigen Sie Ihre neue Bleibe mit all Ihren Sinnen. Achten Sie vor allem auf Geräusche und Dünste. Die Nachteile einer etwas zu kleinen, etwas zu dunklen Wohnung können Sie leichter ausgleichen als die Belästigungen, die Ihnen von der chemischen Reinigung nebenan oder von den Essens- und Marihuanagerüchen Ihrer neuen Nachbarn drohen.

Sieben Eigenschaften des neuen Schlosses

1. Eine Mauer um das Grundstück ist besser als ein Zaun. Eine Hecke ist neutral.
2. Eine große Haustür ist besser als eine kleine.
3. Einige Stufen vor der Haustür sind besser als ein ebenerdiger Eingang, unabhängig davon, auf welcher Etage die eigentliche Wohnung liegt.
4. Ein symmetrischer Hauseingang ist einem asymmetrischen vorzuziehen.
5. Eine Wohnung mit unterschiedlich großen Räumen ist besser als eine geräumigere mit gleichgroßen Räumen.
6. Ein großer Wohnungsflur ist wichtiger als ein großes Bad oder eine große Küche.
7. Der innere König hat für zahlreiche kleine praktische Abstellkammern leider überhaupt keine Verwendung. Für die wenigen Dinge, die er seinem eigenen Anblick entziehen möchte, reichen ein Kämmerchen oder ein großer Schrank.

4. Der König wohnt

Königliche Gastfreundschaft

Wenn ein Besucher die Behausung des inneren Königs betritt, sollte er sofort spüren können, dass hier ein Mensch lebt, der sich seiner Stärke bewusst ist. Freunde sollten ein Gefühl des Schutzes empfinden, der ihnen hier zuteil wird, Fremde sollten in Achtung verfallen und die Grenzen unwillkürlich respektieren, Feinde sollten erschaudern. Allen aber sollte sofort eines klar sein: Dies hier ist ein abgeschlossenes Terrain, in dem eigene Gesetze herrschen. Dabei ist es völlig nebensächlich, ob es sich um eine Zweizimmerwohnung im billigsten Viertel der Stadt handelt oder um ein Penthouse auf dem Millionärshügel. Die Reaktion der Besucher wird den inneren König stärken und ihn leise triumphieren lassen. (Letzteres wird er sich später allerdings abgewöhnen.)

Falls es sich bei Ihrer Residenz tatsächlich um ein Mehrfamilienhaus handelt, werden Sie auf das äußere Erscheinungsbild Ihres Hauses wenig Einfluss haben. Gleichwohl aber können Sie einiges tun, um auch in diesem öffentlichen Raum schon zu signalisieren: Hier lebt ein König.

Eine alte Hausmeisterregel sagt, dass man über die Menschen schon etwas lernen kann, wenn man nur an ihren Haustüren vorbeigeht. Denn dort liegt eine Fußmatte. Vielleicht haben Sie diesem unscheinbaren Gebrauchsgegenstand bisher keine Bedeutung beigemessen. Erfahrene Hausmeister sagen, dass die Fußmatte den Bewohner spiegelt und dass man im Laufe eines Hausmeisterlebens lernt, die Sprache der Fußmatten zu dekodieren.

Wählen Sie unbedingt eine neutrale Fußmatte, ohne einen ulkigen Aufdruck. Halten Sie sie sauber, sehen sie auch mal darunter. Und gönnen Sie sich zu jedem Jahreszeitenwechsel eine frische. Der innere König benötigt zu seiner Stabilisierung den fühlbaren Wechsel von Frühling, Sommer, Herbst und Winter. Es schadet nichts, wenn er vor jedem Betreten seiner Wohnung daran erinnert wird.

Genauso wichtig sind das Türschild und der Name am Briefkasten. Bestimmt findet der Briefzusteller Sie auch, wenn jahrelang nur ein Pappschildchen mit in Blockschrift hingehuschten Buchstaben Ihren Postkasten ziert. Vom energetischen Standpunkt aus gesehen, ist das aber ein völlig falsches Signal. Sorgen Sie lieber dafür, dass Ihr Nachname in sauber gedruckten Lettern zeigt: Hier wohnt jemand, der auf seine Angelegenheiten achtet. Den Vornamen lassen Sie weg, es sei denn, in Ihrem Haus wohnt noch ein anderer Mensch mit gleichem Namen. Dann kürzen Sie Ihren Vornamen einfach mit Ihrem Initial ab.

Falls Sie die Möglichkeit haben, an Ihrer Wohnungstür ein Klingelschild anzubringen, verfahren Sie genauso. Das eigentliche Schild sollte so klein wie möglich sein, aber natürlich noch lesbar. Daumengröße mit einer 14-Punkt-Schrift wäre ideal. Auch auf diesem Schild steht natürlich nur Ihr Nachname, selbst wenn Sie die Wohnung mit Ihrem adeligen Onkel, Ihrem geschiedenen Mann und den sieben Kindern teilen.

Allerdings darf das Namensschild nicht irgendeines sein. Hier wohnt ja schließlich auch nicht irgendjemand. Das Schildchen muss aus Messing sein. Und Sie sorgen dafür, dass es immer blank poliert ist und glänzt.

Lassen Sie das Schild genau in der Mitte der Tür

anbringen, etwa auf Oberschenkelhöhe. Falls Sie Besuch bekommen sollten, der über Sie noch nicht orientiert ist, wird er sich auf Ihrer Schwelle zunächst einmal verbeugen müssen, um Ihren Namen lesen zu können. Das wird ihn einstimmen auf den Menschen, der hier residiert. Denn das glänzende kleine Schild hat Symbolwert für alles, was sich im Inneren der Wohnung abspielt: ein strahlend schönes Leben.

Noch ein Tipp: Wenn es geht, verzichten Sie auf einen Türspion. Diese kleinen Gucklöcher in den Türen der Bürger gehören nämlich auf die Liste der Gegenstände, die ein majestätisches Leben stören. Wenn es sich bei der Tür mit dem Guckloch um das Portal Ihres eigenen Hauses handelt, sollten Sie bei Gelegenheit nach einer anständigen Haustür Ausschau halten. Bis Sie eine gefunden haben, können Sie den Türspion mit einer runden Messingscheibe überkleben, und zwar von innen wie von außen. Bei einer Mietwohnung verfahren Sie genauso. Lassen Sie sich bei dieser Aktion nicht von den Hinweisen der Kriminalpolizei oder den Horrorszenarien Ihrer Mutter irritieren: Falls der Säuremörder mit der Stichsäge wirklich Einlass in Ihre Wohnung begehren sollte, dann werden Sie ihn vermutlich ohnehin nicht durch den Türspion erkennen können. Das Leben ist auch deswegen so kompliziert, weil man nicht jedem Menschen an der Nasenspitze ansehen kann, was sein Begehr ist. Bitten Sie Freund und Feind, sich vorher anzukündigen, wenn sie Sie besuchen wollen. Das ist eigentlich ohnehin selbstverständlich. Das Spähen durch einen Türspion oder das Linsen durch die halb geöffnete und mit einer Sicherheitskette gehaltenen Tür hat ganz und gar nichts Majestätisches und ist Ihrer somit unwürdig.

TEILE UND WOHNE

Egal, wie groß Ihre Wohnung ist: Teilen Sie sie in zwei Bereiche, in einen öffentlichen, in dem Sie zum Beispiel Besuch empfangen, oder zumindest Besuch empfangen könnten, und in einen privaten, in den Sie niemanden (mit romantischen Ausnahmen) hineinlassen.

Wenn Sie nicht die räumlichen Voraussetzungen für einen Salon haben, in dem Sie Ihren Besuch empfangen und bewirten, überlegen Sie sich, wo genau er Platz nehmen soll. Lassen Sie niemandem die Wahl. In der Wohnung frei herumstreifende Besucher schwächen die innere Struktur des Königs, da er plötzlich seine Räumlichkeiten durch die Augen eines anderen sehen könnte. Womöglich fällt er dann in untertänige Strukturen zurück und beginnt gar, sich zu entschuldigen: für die Unordnung, die mangelnde Sauberkeit, für die Bescheidenheit des Raumes oder gar dafür, dass er es immer noch nicht geschafft habe, die Lampe über dem Küchentisch anbringen zu lassen. Der innere König entschuldigt sich für nichts und niemanden.

Überlegen Sie sich rechtzeitig, wohin Sie einen möglichen Besucher führen würden. Das sollte möglichst nicht der Tisch in der Küche sein. Was auch immer Sie Ihrem Gast anbieten möchten, verhindern Sie, dass er Zeuge Ihrer Küchenkünste wird.

Besser ist es, wenn in Ihrem Wohnraum ein Sessel oder eine kleine Sitzgruppe steht, die auch für Besucher vorgesehen ist. Falls Sie ein Einzimmerappartement bewohnen, sollten Sie die Anschaffung eines Paravents erwägen, der wenigstens den Blick auf Ihr Bett und Ihren persönlichsten Bereich verhindert.

Stellen Sie einem Gast niemals frei, in welchem der beiden Sessel er Platz nehmen möchte. Es ist nicht würdig, einem Gast entgegenzurufen, dass er sich doch hinsetzen solle, wo er wolle oder wo es am bequemsten sei. Woher soll er denn das wissen? Sie führen doch das Regiment.

Legen Sie vorher einen Besuchersitz fest und bieten Sie ihm diesen an. Noch wichtiger aber ist etwas anderes: Wählen Sie immer auch aus, wo Sie selbst sitzen möchten, und lassen Sie sich Ihren Platz nicht streitig machen. Achten Sie darauf, dass Sie sich auf Ihrem Platz wohl und behaglich fühlen. Wichtig ist auch, dass Sie vor einem schönen Hintergrund sitzen, dessen Anblick Ihr Gast in angenehmer Erinnerung behalten kann. Und das Licht muss stimmen. Probieren Sie aus, bei welcher Beleuchtung Sie am vorteilhaftesten aussehen.

Ihr eigener Platz sollte aus Gründen der Höflichkeit aber nicht völlig anders beschaffen sein als der des Gastes. So zerstört es jede Gesprächsatmosphäre, wenn Sie es sich selbst in einem dicken Ohrensessel bequem machen, während der Vetter aus Bielefeld auf einer Apfelsinenkiste hocken muss. Ein kleiner Unterschied jedoch darf ruhig sein.

Platz für den König

Ein leerer Raum ist ein guter Raum. Versuchen Sie möglichst, auf kolossale Schrankwände und Raum greifende Sitzgruppen zu verzichten, egal wie praktisch Ihnen diese erscheinen mögen. Was Sie brauchen, ist Luft. Viele Wohnungen sind deshalb so ungemütlich, weil man in ihnen immer nur sitzt. Kaum kommt man herein, muss man sich irgendwo niederlassen. Aber es gibt auch reine Laufwohnungen, meist sind das umgebaute Fabriketagen in Großstädten, die auch nicht besser sind. Achten Sie auf die Balance.

Achten Sie außerdem darauf, dass es in Ihrer Wohnung genügend Wege gibt, die Sie ohne umständliches Gekurve beschreiten können. Auch wenn Sie das bisher noch nicht wussten: Jeder Mensch kann Phasen des Grübelns und Zagens auflockern, wenn er einfach in seiner Wohnung auf und ab marschiert. Während man umhergeht, kann man vortrefflich nachdenken, telefonieren oder sogar lesen.

Eine schöne Wohnung besteht nicht aus schönen Einrichtungsgegenständen. Sie besteht vor allem aus Schneisen und Fluchten, aus Ansichten und Durchblicken. Sorgen Sie dafür, dass genug Platz zum Schauen ist. Verstellen Sie nicht die Diagonalen eines Raumes, die Fenster und die direkten Wege zu den Türen. Schaffen Sie gerade Linien, auf denen das Auge entlanggleiten kann.

Eine gewöhnliche Neubauwohnung hat eine Raumhöhe von 2,30 Metern. Davon sind normalerweise bestenfalls 1,70 Meter bewohnt. Vielleicht baumelt oben noch eine Lampe, vielleicht ragt ein Regal bis ganz nach oben, das ist es meistens. Versuchen Sie, sich den Raum über ihrem Kopf zu erobern. Nicht indem Sie zur Decke hinaufklettern. Erobern Sie die dritte Dimension in Ihrem Raum, indem Sie Ihr persönliches Firmament gestalten. Setzen Sie kleine Lichtpunkte, die einfach nur so vor sich hinstrahlen, lassen Sie sich einen Sternenhimmel malen oder hängen Sie ein Mobile, ein Glockenspiel oder ein deckenhohes Gemälde auf. Lassen Sie eine Bildtapete an die Decke tapezieren oder lassen Sie sie in einer Kontrastfarbe streichen. Seien Sie sich des Raumes über Ihnen bewusst. Er endet nicht auf 2,30 Metern Höhe. Er endet in der Unendlichkeit.

Erobern Sie den Boden Ihres Hauses, damit Sie immer auf dem Teppich bleiben. Lassen Sie einen großen Platz in Ihrem größten Zimmer dafür frei. Kaufen Sie sich ein paar Bodenkissen oder einen flauschigen Teppich, auf dem Sie sich lang ausstrecken können. Zum Lesen der Wochenendbeilage Ihrer Lieblingszeitung, zum Nachdenken über das Leben und den Tod, zum an die Decke schauen – oder für einen kleinen Entspannungsschlummer.

Alle meine Farben – und Formen

Auch wenn man von den blaublütigen Royals nicht viel lernen kann, ein paar gute Ideen haben ihre Familien im Laufe der Jahrtausende doch entwickelt. Eine davon ist das Wählen einer Hausfarbe.

Eine Hausfarbe hat mit der Farbe der Wände, der Tapeten, der Vorhänge und der Teppiche nicht viel gemein. Bei der Hausfarbe geht es auch nicht darum, eine ganze Wohnung monochrom zu gestalten. Eine Hausfarbe ist etwas Magisches. Und wie alle Magie bleibt sie dem Auge vielleicht lange Zeit verborgen.

Dennoch aber gibt es nur einen einzigen Farbton, der zu Ihrer Persönlichkeit am besten passt. Das ist vermutlich nicht einmal die Farbe, die ein Typberater Ihrem Teint und Ihrer Augenfarbe zuordnen würde. Der innere König ist mehr als sein reines optisches Erscheinungsbild, mehr Sein als Schein. Seine Hausfarbe verkörpert seine Wünsche und seine Träume, sie beleuchtet seine Niederlagen und seine Siege, seine Liebe und seine Schmerzen.

Vergessen Sie die Grundfarben. Es ist unwahrscheinlich, dass sich Ihr komplettes Wesen in der Farbe Marine ausdrückt. Wie aber wäre es mit Bernsteingelb? Mit Mondlichtsilber, Drachengrün oder dem Rosa eines Sonnenuntergangs vor einer Frostnacht? Vergessen Sie die üblichen Kategorisierungen von männlichen und weiblichen Farben. Setzen Sie sich keine Grenzen, wenn Sie ein Mann sind und die Farbe der Maiveilchen am schönsten finden, oder wenn Sie eine Frau sind und sich zu dem dumpfen Grün von Angelzubehör hingezogen fühlen.

Lassen Sie den Blick durch Ihre Wohnung schweifen und kramen Sie in Ihren Schubladen oder in den Kisten auf Ihrem Dachboden. Finden Sie einen Gegenstand, der in seinem Ton Ihrer Hausfarbe entspricht oder ihr zumindest nahe kommt. Es ist sehr wahrscheinlich, dass sich so ein Gegenstand bereits in Ihrem Besitz befindet. Wenn Sie ihn gefunden haben: In welcher Lebensphase haben Sie sich diesen Gegenstand angeschafft? Ist es möglich, dass Sie damals bereits eine besonders gute Verbindung zu Ihrem inneren König hatten?

Besorgen Sie sich eine gute Farbenlehre und schauen Sie, was es alles gibt. Oder legen Sie sich Ihre Lieblingsmusik auf, schließen die Augen und meditieren Sie über die eine Farbe, von der Sie seit dem Beginn Ihres Denkens wissen, dass es die Ihre ist.

Und nun? Sie müssen nicht Ihre Wände in diesem Farbton streichen. Entspannen Sie sich. Behalten Sie Ihre Farbe in Erinnerung. Halten Sie Ausschau. Und irgendwann werden Sie sie sehen. Es muss nicht gleich der Stoff sein für einen Hausmantel. Vielleicht hat der Schirm einer Lampe genau das weiche Abendgrau, das Sie besser darstellt als irgendeine andere Farbe auf der Welt. Möglicherweise finden Sie einmal eine Tasche in dem hellen Beige eines zu kurz gebackenen Milchbrötchens, nach dem Sie immer schon gesucht haben. Oder Sie stoßen auf Briefumschläge, deren seidene Fütterung das bewusste fruchtige Orange hat, das genau Ihre Farbe ist. Und ängstigen Sie sich nicht vor dem Profanen. Falls der Himmel es will, dass Aldi eine Zahnbürste in Ihrem ureigenen Schneeglöckchenweiß führt: Schlagen Sie zu und kaufen Sie sich das gute Stück.

Was immer Sie tun: Wenn Sie die bestehenden Verhältnisse in Ihrer Wohnung ändern wollen, sollten Sie keinesfalls an umfassende Neuanschaffungen denken. Die meisten Möbel, die Sie besitzen, markieren wichtige Phasen in ihrem Leben. Vielleicht haben Sie sich in einer Zeit des wirtschaftlichen Wohlstandes ein Sofa gekauft, das Ihnen besonders gut gefiel. Bestimmt gibt es in Ihrer Wohnung auch etwas Geerbtes, das Sie an Ihre Vorfahren erinnert, oder etwas sehr Vorläufiges, das Sie sich zugelegt haben, als Sie wenig Geld hatten. All diese Besitztümer gehören zu Ihnen. Entrümpeln Sie mit Herz und Verstand. Lassen Sie bei Neuanschaffungen Vorsicht und Ruhe walten.

Das königliche Schlafgemach

Während des Nachtschlafes ist jeder Mensch einer Fülle von unterschiedlichen Energien ausgeliefert, und Untersuchungen belegen seit langem, dass wir während der nächtlichen Erholungsphase durchaus mit einem Teil unserer Sinne auch unsere Umgebung wahrnehmen. So wachen wir zum Beispiel auf, wenn es ungewohnte Geräusche gibt, aber auch, wenn sich die Raumtemperatur plötzlich verändert oder wenn fremde Gerüche unsere Nase streifen. Wir spüren eine Veränderung in der Helligkeit des Raumes und wir spüren sogar, ob der Mond auf unserer Seite des Himmels ins Schlafzimmerfenster schaut.

Machen Sie es sich nicht selbst unnötig schwer, indem Sie in einem Chaos aus Energiefeldern, unerledigten Dingen und Unrat schlafen. Denn ein Teil ihres Bewusstseins nimmt Sie selbst von außen wahr. Der Raum, in dem Sie schlafen, wirkt auf Sie, im positiven wie im negativen Sinne.

Übernehmen Sie die Regentschaft über Ihre nächtliche Umgebung. Im Schlaf wird sich Ihr innerer König nach und nach stärken. Während Sie ruhen, wird er sich immer wieder neu erschaffen, Nacht für Nacht.

Zehn Regeln für die Nacht

1. Entrümpeln Sie Ihr Schlafgemach und versuchen Sie, alle Dinge fortzuwerfen, die Sie ein Jahr lang nicht in der Hand hatten. Wenn Ihnen das schwer fallen sollte, werfen Sie bei abnehmendem Mond jeden Tag sieben Gegenstände fort, vierzehn Tage lang bis Neumond. Dann werfen sie jeden Tag drei Gegenstände fort, vierzehn Tage lang bis Vollmond. (Benutzte Papiertaschentücher und alte Zeitungen zählen nicht einzeln.)

2. Sorgen Sie dafür, dass die Vorhänge das Zimmer absolut verdunkeln.

3. Sorgen Sie außerdem dafür, dass es mindestens drei Lichtquellen gibt: ein helles Raumlicht, das in jeden Winkel scheint (möglichst mit einer das Gemüt aufhellenden Tageslichtlampe), ein gutes Leselicht am Bett und ein romantisches Licht zum Träumen.

4. Untersuchen Sie Ihr Schlafzimmer auf elektromagnetische Felder und versuchen Sie, zumindest das Kopfteil Ihres Bettes davon frei zu halten. Benutzen Sie keinen Radiowecker, lassen Sie den Fernseher nicht auf Stand-by stehen und lassen Sie keine losen Kabel hinter Ihrem Bett verlaufen. Falls Sie mit Telefon oder Handy am Bett schlafen wollen, legen

Sie beides auf ein Tischchen ans Fußende oder auf die Fensterbank.

5. Legen Sie ein oder zwei Bücher auf Ihren Nachttisch, nicht mehr. Außerdem brauchen Sie Ihr Tagebuch und Papier und Bleistift zum Aufschreiben Ihrer Träume, Ideen und Projekte.

6. Falls Sie Medikamente nehmen müssen: Bewahren Sie diese in einem verschlossenen Apothekerschränkchen im Bad auf und verabreichen Sie sich die Medizin auch dort. Lassen Sie die Medikamente zu keiner Zeit irgendwo frei und sichtbar herumstehen. Herumstehende Medikamente, aber auch Fieberthermometer, Wärmflaschen und anderes medizinisches Gerät haben langfristig eine zerstörerische Wirkung auf Ihre Aura. Während Sie schlafen, ist diese Wirkung besonders schädlich.

7. Auch wenn es noch so schöne Wassergläser gibt: Verzichten Sie darauf, ein Wasserglas ans Bett zu stellen. Auf der Wasseroberfläche bilden sich Reflexe, die Ihren Schlaf stören könnten. Wenn Sie nachts Durst bekommen sollten, trinken Sie etwas Wasser in der Küche und lassen das Glas dann dort.

8. Hängen oder stellen Sie keine Fotos im Schlafzimmer auf.

9. Sorgen Sie dafür, dass es in Ihrem Bett genügend Kopfkissen gibt. Weniger als fünf sollten es nicht sein, sechs oder sieben in verschiedenen Größen sind besser.

10. Duschen oder baden Sie allabendlich, um Ihr eigenes Energiefeld zu neutralisieren. Waschen Sie sich möglichst auch allabendlich die Haare.

Zehn Regeln für königliches Wohnen

1. Sparen Sie, wo Sie wollen, aber niemals an Lampen oder an Stühlen.

2. Helle Lampen sind besser als dunkle. Wohnen Sie lieber in festlich erleuchteten Räumen als in schummrigen.

3. Verbannen Sie den Fernseher aus Ihrem Wohnbereich. Er ist kein Möbelstück. Wenn sie Platz haben, richten Sie sich einen Medienraum ein, in dem auch der Computer stehen kann. Wenn nicht, ist der Fernseher immer noch im Schlafzimmer am besten aufgehoben.

4. Vorhänge sind immer besser als Rollos oder Jalousien. Ziehen Sie sie stets mit großer Geste auf und zu, so, als bewohnten Sie Versailles.

5. Teilen Sie die Wohnung in viele verschiedene Bereiche für viele verschiedene Tätigkeiten. Schaffen Sie einen Ort zum Lesen und einen zum Träumen, kaufen Sie sich einen Tisch, an dem Sie zeichnen, malen oder Briefe schreiben können, und reservieren Sie sich auch dann einen Bereich zum Spielen, wenn Ihre Kindheit bereits seit Jahrzehnten vorüber ist.

6. Denken Sie auch an einen Ort zum Schuhe putzen, eine notwenige und sehr sinnvolle Tätigkeit, die nervt, wenn man sie morgens vor dem Verlassen der Wohnung auf einem Bein balancierend im Flur vollführen muss.

7. Suchen Sie sich einen Ausblick, an dem sie aus dem Fenster schauen können, ohne vorher erst den Toaster oder die Tüllgardine aus dem Weg schaffen zu müssen.

8. Gönnen Sie sich in Ihrem Leben wenigstens ein gutes Kunstwerk und stellen Sie es in Ihrer Wohnung aus. Wenn Sie einmal unvorhergesehen zu einer Geldsumme von vielleicht zwei oder drei Monatsgehältern kommen sollten, ist der Moment dazu gekommen.

9. Der innere König stabilisiert sich auch durch eine gewisse Naturverbundenheit. Das bedeutet nicht, dass Sie sich nun mit Topfblumen anfreunden sollen, wenn Sie eigentlich gar keine mögen. Aber wie wäre es mit einem winzigen Zengärtchen aus gekämmtem Sand, mit ein paar merkwürdigen Kakteen, oder, wenn Sie oft zu Hause sind, mit einem Aquarium. Wenn Ihnen das nicht zusagt, kaufen Sie sich eine schlichte Vase und stellen Sie gelegentlich mal eine einzelne Schnittblume hinein.

10. Verzichten Sie auf Talmi, egal in welchem Bereich.

Das sagt der innere Schweinehund

Obwohl ich gern eine größere Wohnung hätte, die ich besser im königlichen Sinne einrichten könnte, habe ich gar keine Lust auf die Wohnungssuche. Es ist erniedrigend, mit fünfzig anderen drängelnden Bewerbern eine Wohnung zu besichtigen. Und was ist königlich daran, eine Mieterauskunft auszufüllen?

Ob ich jemals genug Geld für ein echtes Kunstwerk haben werde? Wäre es nicht vernünftiger, den Betrag zu sparen? Oder für Neuanschaffungen im Haushalt zurückzulegen?

Königlicher Rat

Machen Sie es wie die Engländer, die sich in solchen Fällen mit diesem Spruch selbst zur Ordnung rufen: Don't let it go for bread and butter. Verpulvern Sie Ihr Geld auf keinen Fall nach und nach im Haushalt. Gönnen Sie sich dafür etwas, das Ihr häusliches Energiefeld erhöht.

Übrigens ist die Größe der Wohnung nicht ausschlaggebend für die Entwicklung des inneren Königs. Sie müssen also nicht umziehen. Aber wenn Ihr innerer König eines Tages Lust auf einen territorialen Eroberungskrieg haben sollte: Gönnen Sie ihm doch den Spaß! Wenn der richtige Zeitpunkt gekommen ist, wird er furchtlos auf dem Wohnungsmarkt herumstreifen. Und die Mieterauskunft füllt er dann mit einem Lächeln aus.

3.

Der königliche Alltag

1. Der majestätische Morgen

In der ersten Erweckungsphase des inneren Königs gilt vor allem eines: Muten Sie sich nicht zu viel zu, vor allem aber nicht zu viel auf einmal. Denn auch wenn Ihnen das noch nicht völlig bewusst ist: Sie haben bereits viel erreicht. Allein das Wissen, dass es einen inneren König gibt, der in uns allen wohnt, dürfte schon genügen, Ihr allgemeines Lebensgefühl um tausend Prozent zu steigern.

Die Umstellungsphase zu einem neuen Leben kann und sollte ganz sanft passieren. Verfallen Sie nicht in sinnlose Hektik. Kleine und große Änderungen werden sich nach einer Weile ganz von selbst ergeben. Dennoch aber gibt es eine Reihe von Alltagssituationen, die dem Gedeihen des inneren Königs zuträglicher sind als andere. Von ihnen soll in diesem Kapitel die Rede sein.

Verdämmern Sie in der Erweckungsphase des inneren Königs nicht Ihre Morgen im Bett. Stehen Sie einfach eine Stunde früher auf als gewöhnlich und genießen Sie die Zeit, die Sie dadurch gewonnen haben. Bemitleiden Sie sich nicht selbst. Oder wenn Sie es schon tun müssen, dann machen Sie wenigstens eine richtige Staatsaffäre daraus, eine Performance. Das ist dramatisch. Aber auch die größte Müdigkeit ist spätestens nach zwanzig Minuten verflogen, und dann wird es anstrengend, sie adäquat darzustellen. Machen Sie sich lieber einen Tee und brechen Sie zu einem Morgenspaziergang auf.

Zum Frühstück quälen Sie sich nicht mit Müsli, wenn Sie eigentlich keines mögen. Essen Sie etwas, auf das Sie Lust haben und das Ihnen gut tut. Versuchen Sie, mindestens einmal pro Woche außerhalb Ihrer Wohnung zu frühstücken. Alltags! Sonntagsfrühstück zu Hause zelebrieren kann jeder.

Dann macht der König sich auf den Weg zur Arbeit. Idealerweise ist dieser Weg eine gute halbe Stunde lang. So viel Zeit braucht der innere König, um sich auf seine Rolle als Arbeitnehmer oder gar Unternehmer vorzubereiten. Genießen Sie diesen Weg. Er birgt die Chance der täglichen Verwandlung. Der innere König, der die Regentschaft über sein komplettes Leben übernommen hat, liebt es, sich mental auf seine Tagesaufgabe vorzubereiten.

Stellen Sie sich vor, dass Sie in die Schlacht ziehen (wenn Sie in einem stressigen Beruf arbeiten), dass Sie auf eine Expedition in ein fremdes Land gehen (falls Sie in einer großen Institution Ihr Geld verdienen) oder dass Sie zu einer Erkundungsfahrt durch Ihre Provinzen aufbrechen (wenn Sie selbstständig arbeiten). Falls Sie eine Hausfrau oder ein Privatier sind, sollten Sie sich angewöhnen, die täglichen Einkaufstouren, das Abholen der Kinder von der Schule oder die notwendigen Bankbesuche als Reisen in fremde Länder zu betrachten, oder als Ausritte in die liebliche bis feindliche Natur. Seien Sie kein Feigling. Rüsten und schirren Sie sich und machen Sie sich auf den Weg. Rechnen Sie mit Wegelagerern, Radbrüchen und Unwetter, mit Bittstellern, einstürzenden Brücken und Pestgestank. Lächeln Sie und seien Sie nachsichtig. Die Stabilität des inneren Königs zeigt sich im Kontakt mit seiner Umwelt.

Vermeiden Sie es, Ihren Weg jeden Tag auf die gleiche Weise zurückzulegen. Brechen Sie lieber etwas früher auf und machen Sie einen kleinen Umweg. Wenn nicht gleich morgens, dann zumindest nach Feierabend. Flüchten Sie nicht gleich in Ihre Burg zurück. Gehen Sie etwas spazieren, machen Sie (abends) einen kurzen Besuch oder setzen Sie sich in ein Café. Sehen Sie den Weg nicht als etwas Alltägliches an. Freuen Sie sich lieber, dass Sie ihn haben.

Schauen Sie täglich nach dem Himmel und genießen Sie die Jahreszeit. Kaufen Sie sich ein Außenthermometer und ein Barometer, hören Sie abends den Wetterbericht, strecken Sie vor dem Schlafengehen noch einmal den Kopf an die Luft und versuchen Sie, im Rhythmus der Jahreszeiten zu leben. Könige leiden nicht unter Nieselregen, und bei Gegenwind lächeln sie.

2. Der königliche Rhythmus – Geben und Nehmen

Der Krug

Sie sollten täglich mindestens zwei Liter Wasser trinken. Aber nehmen Sie dieses Wasser auf keinen Fall aus einer der hässlichen Flaschen oder Tetrapacks zu sich, in denen es verkauft wird. Es sind nur

Gefäße und sie dienen dem Transport, das ist alles. Auf einem Tisch stehend vermurksen Sie jede Dekoration. Am schlimmsten sind die Wässerchen, auf deren öden Etiketten Hinweise zu möglichen Wirkungen abgedruckt sind. Wenn Sie täglich bei der Schreibtischarbeit auf einen Flaschenaufkleber schauen müssen, auf dem ein besonders schwacher Natriumgehalt, eine mild abführende Wirkung, eine Steigerung der Fitness oder gar die Auswirkungen auf den Sauerstofftransport des Blutes beschrieben sind, werden Sie diese Wirkungen bald wirklich benötigen. Vergessen Sie es.

Bevor Sie sich jede Woche zahlreiche Kisten mit solchen Flaschen ins Haus liefern lassen, oder gar anfangen, diese selbst zu schleppen, klären Sie doch lieber durch einen Anruf beim örtlichen Wasserwerk, ob nicht vielleicht bestes Trinkwasser aus dem königlichen Wasserhahn in der Küche strömt. Das Ergebnis Ihres Telefonates könnte überraschend sein. Im eher unfeinen Hamburger Stadtteil Altona kommt das Leitungswasser zum Beispiel aus der Lüneburger Heide herbeigeflossen und hat geringere Schadstoffwerte als manches teure Flaschenwasser. Wie auch bei den Lebensmitteln ist es ohnehin vorteilhafter, die Produkte zu sich zu nehmen, die aus der eigenen Region kommen, im Umkreis von vielleicht hundert Kilometern.

Erwägen Sie zudem den Kauf eines Wasserfilters. Es gibt auch Filtergeräte, die man sich vom Installateur direkt unter dem Wasserhahn in der Küche anschließen lassen kann. Dann entfällt das umständliche Geplätscher mit dem Brittafilter, und Sie müssen nicht zwanzig Minuten lang herumstehen, bevor Sie drei Liter Wasser zum Spagettikochen gefiltert haben.

Das gefilterte Wasser füllen Sie in einen Krug mit einem Liter Fassungsvermögen, den Sie ausschließlich für Trinkwasser benutzen. Dieser Krug gehört wie der würdige Mantel zu den wenigen Dingen, die sich der innere König irgendwann einmal gönnen sollte. Aber es muss ein Krug aus besonderem Material sein. Gold, Silber und Kristallglas sind akzeptabel. Ein solcher Krug macht kühles klares Wasser zu einem besonders kostbaren Getränk, es wird den inneren König bei jedem Glas verzaubern und stärken.

Ein schlichter vergoldeter Krug kostet zum Beispiel etwa so viel wie zwanzig Kisten Mineralwasser. Wenn Sie gut bei Kasse sind und eine Schwäche für das Ornamentale haben, können Sie auch bei einem Händler nach einem besonders verzierten Exemplar Ausschau halten oder einen Antiquitätenhändler bitten, Ihnen so ein Gefäß zu besorgen.

Die Dagobert-Übung

Von dem französischen Schriftsteller Jean-Paul Sartre, dem König der Existenzialisten, erzählt man sich, dass er einige außerordentliche Angewohnheiten hatte. Eine davon war, dass er, der eigentlich ein bescheidenes Leben führte, stets etwa 30 000 Franc mit sich führte. Und zwar keineswegs in einer Brieftasche. Wenn er abends seinen Wein bezahlen wollte, griff er genüsslich in die Hosentasche, zog das dicke Bündel Scheine hervor und zählte von den oberen, kleineren einige ab.

In der Zeit von Kreditkarten und bargeldlosem Zahlungsverkehr mutet diese Angewohnheit sehr merkwürdig an, dennoch gibt es auf der Welt Tausende innere Könige, die diese Methode Tag für Tag praktizieren. Sie hat ihren Namen von Onkel Dagobert, dem Comic-Helden und reichen Onkel von Tick, Trick und Track, der täglich in seinem Geld zu baden pflegt. Das wird oft belächelt, ist jedoch aus energetischen Gründen absolut richtig. Geld, das Sie durch Ihre eigene Arbeit verdient haben, ist nichts Abstraktes. Pflegen Sie lieber gelegentlichen Körperkontakt zu den Früchten Ihrer Arbeit. Machen Sie einmal einen Selbstversuch, wenn Sie das nächste Mal ausgehen, und schauen Sie, was mit Ihnen passiert, wenn Sie ein Monatsgehalt in echten Geldscheinen in der Tasche tragen. Sie dürfen es natürlich nicht ausgeben, nur die Summe, die sie ohnehin verballert hätten. Wenn Sie um die Rechnung gebeten haben, ziehen Sie das Bündel hervor und zählen von den oberen, kleinen Scheinen die richtige Summe auf den Tisch. Dann stecken Sie den ganzen Batzen wieder ein. Die Münzen, die Sie mutmaßlich zurückbekommen, versuchen Sie möglichst komplett als Trinkgeld wieder loszuwerden.

Versuchen Sie, dieses Experiment ohne Portemonnaie durchzuführen, stecken Sie sich das Geld einfach in die Tasche. Gewöhnen Sie sich daran, gelegentlich ein kleines Vermögen mit sich zu führen.

Denn Geld in der Tasche stärkt die Persönlichkeit des inneren Königs fundamentaler und wirkungsvoller als eine goldene Kreditkarte, die sich ja schließlich jeder besorgen kann.

Das sagt der innere Schweinehund

Würden die Leute mich nicht für einen Angeber und Neureichen halten?

Könnte ich der Versuchung widerstehen, das ganze Geld auszugeben?

Wäre die Angst, überfallen zu werden, oder so viel Geld zu verlieren, nicht größer als der Genuss?

Königlicher Rat

Es geht um Sie. Breiten Sie nicht die Scheine vor dem Kellner und den anderen Gästen aus. Und lassen Sie sich auch nicht demonstrativ einen Fünfhundert-Euro-Schein wechseln. Treten Sie so bescheiden und selbstsicher wie immer auf.

Verzicht stärkt den Charakter. Flanieren Sie ruhig an Schaufenstern vorbei, stellen Sie sich vor, was Sie sich alles leisten könnten mit dem Geld in Ihrer Tasche. Und leisten Sie es sich dann nicht. Erfreuen Sie sich an dem Gedanken, dass sie könnten, wenn Sie wollten – und gehen Sie weiter.

Machen Sie diese Übung nicht in einem Fastfood-Restaurant in der übelsten Gegend von New York, und prüfen Sie vor der Übung, ob sich bei der Tasche, in der Sie das Geld unterbringen wollen, nicht zufällig gerade eine Naht auflöst.

3. Der geduldige König

Das Wunder der Hyazinthen

Die Hektik ist der Feind des inneren Königs, denn nur Untertanen trippeln geschäftig und meist kopflos umher. Trainieren Sie Ihre Bedachtsamkeit und pflegen Sie Ihre innere Ruhe. Niemand geht unter, weil er zu langsam schwimmt. Die meisten Menschen ertrinken, weil sie wie irre umherpaddeln. Viele Probleme lösen sich ohnehin, indem man sich gar nicht erst mit ihnen befasst. Wenn es Ihnen Mühe macht, sich in Geduld zu üben, können Sie eine Hyazinthenkultur anlegen.

Schon der Prophet Mohammed hat gesagt: Wenn du zwei Brote hast, verkaufe eines und kaufe dir dafür eine Hyazinthe. Denn diese seltsam doldig geformte Blume, die in Dunkelheit aus einer Knolle hervorwächst, hat viele magische Eigenschaften.

Die Hyazinthe kam im siebzehnten Jahrhundert aus dem Orient nach Europa und löste nach dem Ende der holländischen Tulpenkriege eine wahre Hysterie unter den Reichen aller Länder aus. In London wurde ein besonders schönes gelbes Exemplar für vierzigtausend Pfund versteigert, weniger schlank gewachsene Exemplare brachten es immerhin noch auf achttausend Pfund. Von Madame Pompadour heißt es, dass sie in einem Winter über zweihundert Hyazinthen auf Gläsern zog. Der betörende Duft der Hyazinthen machte angeblich Männer willenlos und Frauen euphorisch.

Aber auf jeden Fall verbessert er das Raumklima ungemein. Eine einzige Hyazinthe in einem Zimmer kann gegen einen starken Raucher anstinken, sie hat eine aufhellende Wirkung auf das Gemüt des Bewohners und zumindest früher regte sie mit ihrer kleinknospigen Üppigkeit auch die Fantasie von Literaten und Liebhabern an.

Hyazinthen haben noch eine andere Eigenschaft: Sie trainieren die Geduld des Hyazinthenbesitzers stärker und nachhaltiger als jedes Psychoprogramm, denn der Umgang mit dieser delikaten Pflanze erfordert Ruhe und Liebe. Und das über viele Wochen.

Man beginnt im späten Herbst, wenn morgens schon der erste feste Raufreif die Autoscheiben verkrustet hat. Hyazinthengläser gibt es im Fachhandel für den Preis eines anständigen Weinglases, bauchige antike englische Exemplare oder die hohen schlanken im französischen Stil können ein Vermögen kosten. Ein Hyazinthenglas ist etwa fünfzehn Zentimeter hoch, unten so breit wie eine Faust, und oben läuft es zu einem schmaleren Rand zusammen. Dieser Rand verhindert, dass die Hyazinthenknolle ins Glas hineingleitet wie ein Kullerpfirsich.

Die dunkelvioletten oder cremefarbenen bis mehlig braunen Zwiebeln haben eine zarte blättrige Oberfläche. Manchmal sind sie gegen Fäulnis chemisch vorbehandelt, dann kosten sie nur ein paar Euro; die natürlichen, nach deren Berührung man sich noch gefahrlos in den Augen herumwischen kann, kosten etwa das Doppelte. Außerdem benötigt man kleine Papierhütchen, am besten aus farbigem Glanzpapier.

Das Glas wird so weit mit frischem Leitungswasser gefüllt, bis die darauf sitzende Zwiebel gerade noch am Wasser riechen kann, wie Hyazinthenzüchter das nennen. Die Knolle darf die Wasseroberfläche aber auf keinen Fall berühren, hier geht es um Augenmaß. Papierhütchen drauf und ab in den Keller oder an einen anderen maximal acht Grad kühlen, aber frostfreien Ort, an dem es stockduster sein muss. Das Hyazinthenglas darf nicht auf blankem Boden stehen, besser ist eine hölzerne Unterlage, zum Beispiel der königliche Rodelschlitten.

Nun muss der Hyazinthenfreund täglich nach dem Rechten schauen. Ist das Wasser noch frisch? Ist etwas davon verdunstet und muss nachgefüllt werden? Eine Taschenlampe leistet gute Dienste. Aber niemals (oder nur ausnahmsweise ganz kurz) das Hütchen abheben und neugierig gegen die Oberseite der Knolle leuchten, dorthin, wo sich bald das erste Blatt bilden wird.

Wenn die Tage dunkler und die Nächte länger werden und die ersten haarfeinen Wurzeln ins Wasser hinabtauchen, nach vier bis sechs Wochen also, ist die Stunde der Wahrheit gekommen. Das Glas mit Hütchen darf in die Wohnung umziehen. Jetzt muss das verdunstete Wasser beinahe täglich nachgefüllt werden, denn in der Wohnung ist es hoffentlich wärmer als acht Grad. Die bunten Hyazinthengläser mit den glänzenden Hütchen machen jetzt einen vorsichtig weihnachtlichen Eindruck. Aber immer noch nicht darunterschauen. Zwar haben sich mittlerweile mehrere grüne Keimblätter gebildet, aber die vertragen kein Licht. Das ist ihnen erst zuträglich, wenn der Blütenstand hervortreibt, Anfang oder Mitte Januar vielleicht. Dann liegt eines Morgens das abgeworfene Hütchen neben dem Glas, oder man nimmt es selbst herab, der Weihnachtszauber ist ja auch vorbei. Bis die Blume ganz erblüht ist, dauert es noch etwa zwei Wochen. Ihr Duft wird die Luft verzaubern und ihre Schönheit das Auge des nunmehr gedulderprobten inneren Königs erfreuen. Gemessen am Aufwand währt die ganze Pracht dann allerdings nur kurz. Eine gute Mahnung daran, dass auch geduldigstes Treiben oft nur kurze Effekte hat.

Die Macht der Rituale

Der Umgang mit Ritualen ist nicht ohne Gefahr. Denn wenn Sie zu viele auf einmal in Ihr Leben einbauen, mauern Sie sich in einen Tagesablauf ein, der für spontane Ideen keinen Raum mehr lässt. Andererseits aber ist ein Ritual eine hübsche kleine Droge, die Sie schnell auf andere Gedanken bringt. Die Kunst liegt darin, die richtige Anzahl von angemessenen Ritualen zu finden: Tätigkeiten und Gewohnheiten, die Sie mögen, und die Ihnen gut tun, und deren Unterlassung Sie nicht aus der Fassung bringt, wenn Sie einmal etwas Besseres oder zumindest anderes zu erledigen haben.

Ein gutes Ritual gibt Halt und Haltung. Es ist egal, ob Sie beinhart alle drei Wochen zur Pediküre schreiten, auch wenn die Stadt gerade von einem Hochwasser heimgesucht wird, ob Sie immer morgens ein Croissant essen oder ob Sie jedes Jahr für eine Woche nach Garmisch-Partenkirchen fahren. Aber wenn Sie einmal ein bestimmtes Ritual entwickelt haben, dann sollten Sie es auch einhalten. Denn die meisten Rituale entfalten Ihren eigenen Charme erst nach Jahren und Jahrzehnten.

Das sagt der innere Schweinehund

Ich habe Angst, dass meine Freunde mich langweilig finden, wenn ich immer das Gleiche tue. Die Hyazinthenübung ist für mich als Mann vielleicht etwas zu feminin.

Königlicher Rat

Sie werden überrascht sein, wie unterhaltsam Ihre Freunde Ihre Rituale finden. Könige sind nun mal – unter anderem – auch berechenbar. Aber tun Sie sich nicht den Tort an, in einem Gerüst aus angeblich typisch männlichen und typisch weiblichen Verhaltensmustern zu leben. Einen richtigen Herrscher (männlich) wird eine einzige Hyazinthe nicht zur Drag Queen machen. Und eine Königin verliert nichts von ihrer Weiblichkeit, wenn sie beispielsweise – angetan mit Anglerhose und Idiotenhut – bis zum Bauch in einem Fluss steht und Lachse das Fürchten lehrt.

4

DIE KÖNIGLICHE AUSSTRAHLUNG

1. Die Aura des Königs

Die böse Stiefmutter bei Schneewittchen ist nicht nur wegen ihrer niederen Charaktereigenschaften dem Irrtum aufgesessen, dass sie die Schönste im ganzen Land sei. Viel wahrscheinlicher ist (wie übrigens oft im Leben) ein materieller Grund für das Unglück: Der Spiegel war ein Spieglein, und damit einfach zu klein.

Machen Sie nicht den gleichen Fehler. Schauen Sie zwei Mal täglich in einen mindestens körperhohen, mehr als körperbreiten Spiegel. Spiegeln Sie sich einmal so, wie das Leben Sie geschaffen hat und einmal angekleidet, bevor Sie morgens das erste Mal das Haus verlassen. Achten Sie darauf, dass der Spiegel die Realität abbildet. Richten Sie einen hellen Strahler auf Ihren Körper, damit Sie alles genau betrachten können. Der innere König liebt die Realität, zumindest aber kann er sie gut ertragen.

Schön sein und schön bleiben, das ist es, was wir alle wollen. Aber damit nicht genug: Wir wollen eine große Anziehungskraft auf andere haben, bewundernde Blicke auf uns lenken, und ein kleines Stückchen Ewigkeit erlangen, indem wir in der Erinnerung anderer für immer präsent bleiben, auch wenn sie nur einen Moment lang das Vergnügen hatten, uns zu sehen.

Nun geht es bei der Entwicklung des inneren Königs zwar vornehmlich um innere Werte. Doch diese Werte müssen sich auch nach außen spiegeln.

Der Spiegel der majestätischen Seele ist die Aura. Und die kann man entwickeln.

Die Aura-Diät

Die üblichen Diäten sind dem inneren König leider nicht zuträglich, denn sie unterjochen seinen Hunger und unterwerfen seinen Tagesablauf einem sklavischen Konzept, das ihm jede Eigenständigkeit raubt. Möglicherweise verbessern sie noch nicht einmal seine Figur, von der Gesundheit ganz zu schweigen.

Wenn Sie begonnen haben, Ihren inneren König zu entwickeln, wird sich im Laufe von Monaten oder Jahren der Körper erschaffen, den der liebe Gott, Ihr Wunschtraum oder Ihr genetisches Programm Ihnen vorgibt. Ganz von selbst. Machen Sie doch, was Sie wollen: Der innere König kann sehr gut in einem Körper gedeihen, der nach den üblichen Ästhetikvorstellungen zu dick oder zu mager, zu ausladend/kurvig oder zu flach ist. Andererseits tun aber auch das Idealgewicht oder der gestählte Körper der Sache keinen Abbruch. Wenn Sie glücklich sind, stolz und stark Ihr eigenes Leben regieren und gelegentlich mal an die frische Luft gehen, werden Sie vor sich selbst wie in den Augen anderer ohnehin wunderschön sein.

Das Wort Aura bedeutet Lichtstrahl. Alle biologischen Systeme wie Menschen, Tiere, Pflanzen und sogar Wasser sollen eine Aura haben, eine vielschichtige Hülle, die aus mehreren unsichtbaren Energiekörpern besteht und genauso einzigartig ist wie das Lebewesen, das sie trägt. Wissenschaftlich bewiesen ist das jedoch nicht.

Realisten verwenden deswegen das Wort Aura lieber als Bezeichnung für die Ausstrahlung eines Menschen, für seine Anziehungskraft oder auch für die Geheimnisse, die ihn zu umgeben scheinen. Aber auch diese Aura ist nicht messbar, auch wenn sie eine noch so große Wirkung auf andere hat und sich höchstens in der Reaktion der Umwelt auf den Auraträger dingfest machen lässt. Jeder kennt ein paar Glückskinder, die aus mehr als aus Körper, Geist und Seele zu bestehen scheinen, es sind Menschen, denen eine besonders starke Energie zu Eigen ist, die uns alle in ihren Bann zieht.

Dennoch ist die Aura nichts Äußerliches. Sie ist eine Reflektion des inneren Königs in die Welt, wie ein Spiegel, und es könnte eine lange Zeit dauern, bis dieser Spiegel ein wirklich überwältigendes Ergebnis zeigen kann. Sie müssen Geduld haben. Warten Sie es einfach ab. Und wenn Sie gar zu ungeduldig sind: Eine Aura-Diät kann eine Art Initialzündung für das neue Leben sein.

Lassen Sie sich nicht entmutigen, wenn Sie zunächst nur kleine Erfolge feststellen können. Dennoch können Sie der Bildung Ihrer Aura natürlich auch mit diesem Schnellstartprogramm auf die Sprünge helfen. Die Sache ist ganz leicht: Versuchen Sie einfach, sich für die Dauer von zehn Tagen an folgende Regeln zu halten. Zugegeben, manche sind fies. Aber Sie wollten ja den schnellen Erfolg.

Die Aura-Diät für ungeduldige Könige

1. Verzichten Sie für die Dauer von zehn Tagen auf Kaffee, schwarzen Tee, harte Alkoholika und auf alle Softdrinks wie zum Beispiel Cola. Wenn Sie es gewohnt sind, abends Wein oder Bier zu trinken, dürfen Sie eine leichte Weißweinschorle oder zwei Glas Champagner zu sich nehmen.

2. Gehen Sie jeden Tag eine halbe Stunde lang spazieren. Wählen Sie möglichst täglich eine andere Strecke. Arbeitswege gelten nicht, ebenso alle anderen Touren, die irgendeinen Zweck haben, weil Sie vielleicht noch dringend hier oder dort etwas besorgen müssen.

3. Trinken Sie tagsüber zwei Liter abgekochtes Wasser, das Ihren Körper entgiften wird. Um es herzustellen, kochen Sie morgens und abends je einen guten Liter gefiltertes Wasser zehn Minuten lang sprudelnd in einem offenen Topf. Wenn Sie mögen, können Sie dem Wasser entweder eine Messerspitze Kurkuma, einen Teelöffel ungemahlenen Anis oder ein daumennagelgroßes Stück frischen Ingwer hinzufügen, geschält natürlich. Das Wasser füllen Sie in eine Thermoskanne, die Sie auch mit ins Büro oder sonst wohin nehmen können. Nun zwingen Sie sich, von dem heißen Wasser jede halbe Stunde drei Schlucke zu trinken. Aber nicht nur nippen. Ein Schluck soll mindestens die Menge eines Esslöffels haben. Aber auch nicht so viel, dass sich die Backen dabei aufblasen. Trinken Sie das Wasser so heiß wie es geht, aber verbrennen Sie sich nicht die Zunge. Tun Sie es einfach vernünftig, maßvoll und zügig,

ohne lange darüber zu philosophieren. Es wird hier lediglich die Regeneration Ihrer Mundschleimhäute angeregt, sonst nichts.

4. Verzichten Sie während der folgenden zehn Tage auf Fleischprodukte, auf Eier und auf Kuhmilch sowie auf sämtliche Süßigkeiten. Verwenden Sie in dieser Zeit Olivenöl statt Butter und Schafs- oder Ziegenkäse anstelle von Kuhkäse. Fisch und Wild sind erlaubt, ebenso Öko-Geflügel und alle Obst- und Gemüsesorten, ebenso alle Getreideprodukte, Reis, Kartoffeln und Nudeln.

5. Essen Sie von allem so viel, wie Sie möchten. Aber freuen Sie sich nicht zu früh.

6. Machen Sie sich eine Liste, auf der Sie eintragen, was Sie essen. Aber nicht um die Menge zu kontrollieren. Sie können essen, so viel Sie möchten. Allerdings niemals zwei Mal das Gleiche.

Wenn Sie also montags Hirschmedaillons und Kartoffelkroketten hatten und als Vorspeise Steinpilzravioli an Zitronenpesto, dürfen Sie während der folgenden zehn Tage kein Hirschfleisch mehr essen und keine Kartoffeln, keine Steinpilze, keine Nudeln und keine Zitronen.

Gewürze und Fette sind von dieser Regelung natürlich ausgenommen.

7. Und es gibt noch eine Ausnahme: Essen Sie täglich acht geputzte Möhren, in genau der Größe, die Ihr Bioladen zufällig führt. Sie können das Geknabbere gleich morgens hinter sich bringen, die Möhren über den Tag verteilt essen oder aber erst abends zuschlagen. Wichtig ist nur, dass Sie die Möhren

nicht vergessen, denn Sie brauchen Sie, um die Entgiftung Ihres Darms voranzutreiben.

8. Verzichten Sie während dieser Zeit auf alle Fertigprodukte, auf Gefrierkost und Konserven. Kaufen Sie alle Produkte frisch ein, und zwar in der besten verfügbaren Qualität.

9. Gehen Sie möglichst nicht zum Essen aus und bleiben Sie auch der Kantine fern. Kochen Sie sich was, und wenn Sie das nicht können, lernen Sie es oder essen Sie Rohkost.

10. Nehmen Sie während der zehn Tage jeden Abend ein warmes Fußbad mit Meersalz, aber ohne weitere Zusätze. Zehn Minuten sind genug. Kuscheln Sie sich danach in eine warme Decke und machen Sie es sich auf dem Sofa bequem.

Während der Aura-Diät wird Ihr Körper auf sanfte Art entgiftet, ohne dass dieses Auswirkungen auf Ihre Laune, das Wohlbefinden oder gar Ihre Arbeitsfähigkeit hat. Allerdings könnte es geschehen, dass Sie in dieser Zeit sehr viele und vielleicht auch aufwühlende nächtliche Träume haben.

Wehren Sie sich nicht dagegen. Lassen Sie zu, dass Ihr innerer König, den Sie so lange eingesperrt haben, Kontakt zu Ihnen aufnimmt.

Führen Sie ein Traumtagebuch, in das Sie morgens oder wenn es ganz schlimm sein sollte auch nachts getreulich eintragen, was Ihre Dämonen Ihnen mitzuteilen haben. Aber machen Sie nicht den Fehler, die Traumschilderungen gleich am nächsten Tag nachzulesen. Sparen Sie sich die Lektüre für einen späteren Zeitpunkt auf, einen Tag in einer anderen Jahreszeit, in zwei oder drei Monaten frühestens. Sie werden überrascht sein, wie sehr Sie sich in dieser Zeit verändern.

Auch Ihre Haut wird rosiger und straffer werden, Ihr Atem klarer. Ihre Augen werden leuchten und Ihr Haar wird seidig schimmern. Ihre körperliche Abwehr wird sich steigern, Sie werden sich beschwingt fühlen und unbeschwert. Wenn Sie gut zu sich selbst sein wollen, können Sie die Aura-Diät zu jedem Jahreszeitenwechsel wiederholen. Das wird Ihnen helfen, sich auf Klimaänderungen einzustellen und mehr im Gleichklang mit der Natur zu leben.

Achtung: Die Aura ist höchst fragil und kann leicht zerstört werden. Vermeiden Sie deshalb Situationen, die für die Aura schädlich sind.

2. Die Aura-Mörder

Was geschieht, wenn es mit der Aura-Diät nicht gleich klappt? Haben Sie Probleme, das Programm durchzuhalten? Schaffen Sie es einfach nicht? Vielleicht gibt es Widerstände in Ihrer Umwelt? Dann sind möglicherweise die Aura-Mörder am Werk. Nehmen Sie sie nicht zu ernst. Aber versuchen Sie trotzdem, Sie aus dem Weg zu schaffen.

Ein Aura-Mörder ist nicht immer ein Lebewesen. Auch ein Gegenstand oder gar eine Verhaltensweise, die eigene oder die eines anderen, kann eine vernichtende Wirkung auf die Aura haben. Die Aura ist ein störungsanfälliger Bereich, der unbedingt vor schädlichen Einflüssen geschützt werden muss.

Die vier besten Methoden zur Identifizierung und Abwehr von Aura-Mördern

1. Auf der energetischen Ebene: Versuchen Sie sich von Lärm, Elektrosmog und schlechter Luft fern zu halten, wann immer dies nur geht. Aber machen Sie keine Marotte daraus, die Sie letztlich nur selbst behindert. Eine Nacht in einem verqualmten Club hat noch niemandem geschadet. Und bei Rockkonzerten und Boxwettkämpfen muss es laut und stickig sein. Aber wenn Sie den Mief in einem Kaufhaus drückend finden, werden Sie wohl kaum in der Lage sein, sich dort einen Pullover zu kaufen, in dem Sie sich königlich finden. Das Gleiche trifft für Rendezvous in überfüllten und zu lauten Restaurants zu. Wenn Ihr Date kein Verständnis hat und mit Ihnen den Ort nicht liebend gerne wechselt, lassen Sie es lieber laufen. Es war nicht gut für Ihre Aura. Aber der Ort war es auch nicht.

Elektrosmog schadet möglicherweise der Gesundheit, aber mehr noch der empfindlichen Aura. Versuchen Sie deswegen, alle elektrischen Geräte, die Sie benutzen, kritisch daraufhin anzuschauen, ob Sie sie wirklich benötigen. Neben den üblichen Verdächtigen wie Handy und Mikrowelle gibt es noch eine Reihe von anderen Gerätschaften, die Ihrer Aura schaden könnten. Eines davon ist der Fön. Gut geschnittene und mit dem richtigen Shampoo frisch gewaschene Haare sollten eigentlich auch ungefönt gut sitzen. Falls nicht, müssen Sie vielleicht einmal den besten Friseur in der nächstgelegenen Großstadt aufsuchen, oder, falls Sie da schon lange hingehen, seinen schärfsten Konkurrenten.

Ein anderer Kandidat auf der Liste solcher Aura-Mörder ist der Anrufbeantworter, und das nicht nur, was den Elektrosmog betrifft. Wenn Sie beruflich auf so ein Gerät angewiesen sind, hilft es nichts. Privat aber leistet er Ihnen keine guten Dienste. Sie machen sich abhängig, wenn Sie immer erreichbar sind. Wie oft haben Sie schon Ihre leere Wohnung betreten in der Hoffnung, er oder sie möge eine netten Spruch auf dem Anrufbeantworter hinterlassen haben. Setzen Sie dieser Warterei ein Ende. Verzichten Sie auf das Gerät.

2. Auf der feinstofflichen Ebene: Nehmen Sie Drogen wie Alkohol und Zigaretten, wenn überhaupt, dann möglichst kontrolliert zu sich. Tee und Kaffee sind nicht auraschädlich und eine gelegentliche Kopfschmerztablette ist für die Aura immerhin besser als schlechte Laune.

Wenn Sie rauchen oder sehr regelmäßig Alkohol trinken, versuchen Sie, diese Angewohnheiten langsam von der Gewohnheitsebene auf die Genussebene zu heben. Rauchen Sie nicht unter freiem Himmel, nicht solange es draußen noch hell ist und nicht in schlechter Gesellschaft. Trinken Sie prinzipiell nur allerfeinste Weine und Champagner und überlegen

Sie sich bei jedem Glas, was Sie damit gerade feiern. Wenn Sie die Entspannung brauchen, versuchen Sie es einmal mit grünem Tee.

3. Auf der geistigen Ebene: Lernen Sie, zu meditieren, und praktizieren Sie es. Eine gute Meditation stimuliert Ihre Lebenskräfte. Dabei ist es nebensächlich, ob Sie eine Meditationsform aus dem religiösen Bereich oder eine aus dem medizinisch-psychologischen Bereich wählen. Es gibt auch eine Reihe von körperlich orientierten Meditationsformen, die fast alle aus dem Fernen Osten zu uns gekommen sind. Informieren Sie sich und suchen Sie sich aus, was am besten zu Ihnen passt.

Wenn Ihnen das zu aufwändig erscheint, können Sie auch probieren, sich von einem Heiler, einem Guru oder einem aufgeschlossenen Pfarrer ein so genanntes Mantra geben zu lassen. Das ist ein kurzer Satz, manchmal auch nur ein Wort, das in unserer Sprache keine sinnvolle Bedeutung hat. Dieses Mantra wird speziell für Sie und Ihre Bedürfnisse ausgesucht und es ist ein Geheimnis, dass Sie niemandem anvertrauen werden.

In der Folgezeit lernen Sie dann, sich durch die Konzentration auf eben jenes Wort geistig völlig zu sammeln und Ihre Systeme auf Null zu schalten. Wenn Sie eine Weile geübt haben, ist es wie mit dem Schlittschuhlaufen. Sie verlernen es niemals wieder, auch wenn Sie es lange Zeit nicht praktizieren. In Krisensituationen können Sie das Mantra dann still für sich aufrufen und damit Ihre Aura stärken.

Sie müssen Ihr Mantra aber nicht nur in Krisenzeiten verwenden. Versuchen Sie, es positiv aufzuladen, wenn es Ihnen einmal besonders gut geht und Sie die ganze Welt umarmen möchten. Halten Sie kurz inne, denken Sie Ihr Mantra und fühlen Sie Dankbarkeit und Demut.

4. Auf der gesellschaftlichen Ebene: Sie müssen keine Angst vor irgendwelchen Leuten haben, schon gar nicht vor Aura-Mördern, die möglicherweise noch nicht einmal zu Ihren Feinden zählen. Der typische Aura-Mörder kennt Sie nicht und weiß oft nicht einmal, was er da tut, wenn er Sie im Supermarkt anrempelt und Ihnen damit auf rätselhafte Weise den ganzen Tag verdirbt.

Aura-Mörder sind äußerlich nicht zu erkennen. Sie arbeiten als Kassierer im Kaufhaus, verleihen Autos am Flughafen, unterrichten Kinder an Schulen oder verteilen Handtücher in Hotels. Sie arbeiten im Verborgenen und haben viele negative Energien. Aura-Mörder haben nur eine einzige gemeinsame Eigenart, die ihr ganzes Wesen bestimmt. Und unter dieser Eigenart leiden sie schrecklich: Ein Aura-Mörder hat selbst nichts zu bieten, was auch nur im Entferntesten die Bezeichnung Aura verdient. Das allerdings weiß er nicht.

Er schließt die Tür der Bank vor Ihrer Nase, obwohl es erst zwei Minuten vor fünf ist. Er mampft in aller Ruhe sein Brot, obwohl Sie unruhig vor seinem Fahrkartenschalter warten, weil Ihr Zug gleich fährt. Er enthält Ihnen Informationen vor, will Ihnen nicht sagen, wie spät es ist, und sucht immer und immer wieder Körperkontakt, obwohl genug Platz für alle da ist: genug Platz im Bus, genug Platz in der Sesselreihe im Kino und genügend freie Plätze auf dem Feuerwehrauto im Kinderkarussell.

Das Gefühl, im Leben stets zu kurz gekommen zu sein, treibt den Aura-Mörder immer wieder an typische Orte. So ist er ein leidenschaftlicher Schnäppchenjäger, der keinen Ausverkauf auslässt, keine Veranstaltung, bei der es etwas umsonst gibt und keine Sonderaktion beim Billighöker.

Aura-Mörder brauchen das Gefühl, dass Sie jemanden übers Ohr gehauen haben, und wenn es die größte Kaufhauskette der Welt ist. Sie pochen auf ihre vermeintlichen Rechte und irrsinnigerweise darauf, dass jeder die gleichen Vergünstigungen erhält, jedenfalls immer und an erster Stelle der Aura-Mörder selbst.

So traurig das auch sein mag. Sie können den Aura-Mördern nicht helfen. Aber Sie sollten Sie unbedingt meiden. Es ist ganz leicht: Meiden Sie Billigkaufhäuser. Und gehen Sie nicht an Orte, an denen es irgendetwas umsonst zu geben scheint. Letztlich müssen Sie für alles bezahlen. Wenn nicht mit Ihrem Geld, dann doch bestimmt mit Ihrer Zeit oder Ihrer guten Laune. Oder mit einem Kratzer an Ihrer Aura, dort, wo der Ellenbogen des Aura-Mörders aufgeprallt ist.

Das sagt der innere Schweinehund

Ich bin sowieso Skeptiker und glaube nicht an eine Aura. Was bringt mir dann die Diät?

Ich gehe gern auf Schnäppchenjagd, weil mich das Gefühl, etwas »erobert« zu haben, stärkt. Es gibt ja nicht nur billige Schnäppchen.

Königlicher Rat

Ihre Skepsis die Aura betreffend können Sie am besten überwinden, wenn Sie einmal einen Selbstversuch machen. Das kann doch zumindest nicht schaden.

Wenn Sie gerne Schnäppchen jagen, befindet sich in Ihrem Besitz doch bestimmt eines, das Ihnen schon jahrelang Freude bereitet. Haben Sie sich schon einmal überlegt, warum das so ist?

5

Der König und sein Vermögen

1. Majestätisches Finanzmanagement

Um es gleich zu sagen: Der innere König muss nicht reich sein. Ganz im Gegenteil. Wenn er jahrelang seine seelischen Kräfte dafür missbraucht, um hinter dem Geld herzujagen, wird die Zeit kommen, in der er all sein Geld ausgeben muss, um seine Seele zurückzuerobern. Heute leben ganze Tourismussparten davon, ausgebrannte. aber finanzkräftige Arbeitssklaven mit ein bisschen Massage, einiger Meditationen, ein wenig Diät, ein paar Körperübungen und mit der Lenkung zu meist östlichen Heilslehren wieder ins rechte Lot zu bringen.

Königlich dagegen ist es, die eigenen Finanzen mit fester, aber zugleich leichter Hand zu lenken. Wenn am Ende der Bemühungen solider Wohlstand steht, ist das gut. Reichtum ist gut, aber nicht notwendig. Wichtig ist nur die wirtschaftliche Stabilität des inneren Königs, egal, auf welchem Niveau.

Um diese Stabilität zu erreichen, bedarf es einiger Maßnahmen, die zwar leicht durchzuführen sind, aber insgesamt nicht sofort wirken. Und das müssen sie ja auch nicht.

Zehn Regeln für ein königliches Finanzmanagement

1. Hüten Sie sich vor Dienstleistungen und Angeboten, für die Sie Monatsbeiträge zu entrichten haben. Lassen Sie sich nicht von der Mitteilung

beeindrucken, dass ein Monatsbeitrag in diesem Sportstudio aber üblich sei. Und auch Ihren Klavierlehrer und Ihre Putzfrau sollten Sie lieber stundenweise nach Leistung bezahlen. Wenn die Leute das nicht wollen, suchen Sie sich andere oder verzichten Sie ganz auf die Dienstleistung.

2. Lassen Sie sich gegen möglichst wenige Dinge versichern. Die Pflichtversicherungen bieten ausreichenden Schutz. Zahlen Sie den gesparten Betrag lieber jährlich auf ein gewöhnliches Konto ein.

3. Lassen Sie sich nicht unüberlegt auf Renten-, Lebensversicherungs- oder Sparverträge ein und lassen Sie die Finger von Aktien- und Investmentfonds. Beschäftigen Sie sich selbst mit der Materie und beginnen Sie, eine individuelle Vermögensplanung zu betreiben.

4. Sparen Sie zehn Prozent Ihres Bruttoeinkommens, nicht mehr und nicht weniger.

5. Zahlen Sie getreulich alle unvermeidbaren Steuern und mogeln Sie nicht mit gefälschten Quittungen oder Gefälligkeitsbescheinigungen herum.

6. Lassen Sie Ihre noch so winzige und nichtige Steuererklärung immer von einem großen renommierten Steuerbüro ausfertigen, und niemals von der Nichte der Nachbarin, die sich da so gut auskennt.

7. Spenden Sie jährlich ein Prozent Ihres Bruttoeinkommens für religiöse oder wohltätige Zwecke, die Ihnen am Herzen liegen. Geld ist eine Form von Energie, und die muss fließen.

8. Investieren Sie genau ein weiteres Prozent Ihres

Bruttoeinkommens in verschiedene innovative und möglicherweise riskante Geschäfte. Denken Sie auch mal über den gefährlichen Optionsscheinhandel nach, über Pennystocks in Australien oder Alaska, und vergessen Sie nicht, gelegentlich ein Kästchen im Lotto zu spielen. Auf Pferde oder Hunde zu wetten, macht übrigens auch Spaß.

9. Widmen Sie ein weiteres Prozent Ihres Bruttoeinkommens dem Thema Landerwerb. Dabei ist es nebensächlich, ob Sie heimlich auf ein Ödlandgrundstück in Kanada sparen, auf eine Weidewiese im Allgäu oder ob Sie das Geld prämienbegünstigt in einen Bausparvertrag anlegen, bis ein Grundstein für das Stück Land an Ihrem Lieblingsort gelegt ist.

10. Kaufen Sie sich einen Arm voll Aktenordner und halten Sie Ihre Unterlagen perfekt in Ordnung und auf dem neuesten Stand.

Es wird möglicherweise eine ganze Weile dauern, bis Sie die Regierung über Ihre Finanzen vollständig übernommen haben. Aber auch im wirtschaftlichen Bereich ist Eile eine schädliche Attitüde. Der innere König hat alle Zeit der Welt. Wichtig ist nur, dass er einen Anfang macht und beginnt, sich mit seinen eigenen materiellen Angelegenheiten auseinander zu setzen.

2. Das gefühlte Gehalt

Es ist eine Mode, die aus Amerika zu uns gekommen ist, in Wetterberichten nicht nur die gemessene Temperatur anzugeben, sondern auch die gefühlte Temperatur. Mittlerweile haben sämtliche europäischen Wetterstationen diese menschenfreundliche Vorhersageweise übernommen. So gab es im vergangenen Winter Tage, an denen sich das Quecksilber um den Gefrierpunkt herum einpendelte, die gefühlte Temperatur aber bei minus 15 Grad lag und uns tatsächlich die Eier im Einkaufskorb gefrieren ließ. Genauso im Sommer: Vorhersagetemperatur an der deutschen Küste 20 Grad, also nicht so berühmt. Gefühlte Temperatur: seidige 26 Grad wegen des sanften Südwindes und wegen der lachenden Sonne.

Es ist die gefühlte Temperatur, die letztlich den Ausschlag gibt, wie sich der Tag wettermäßig gestaltet, und wer klug ist, richtet seine Unternehmungen nur nach diesem Wert ein.

Weitgehend unbekannt dagegen ist es, auch andere wichtige Zahlen und Werte unseres Lebens solchermaßen in gemessenen und gefühlten Wert zu unterteilen. Der innere König ist seiner Zeit auch in dieser Hinsicht weit voraus.

Angenommen, Sie verdienen gut. Aber sind Sie mit Ihrem Einkommen auch zufrieden? Das Geld, das jeden Monat auf Ihr Konto fließt, ist lediglich der rechnerische Betrag. Aber wie ist Ihr gefühltes

Gehalt? Haben Sie so viel, wie sie wollen? Und was müssen Sie dafür tun?

Ist Ihr Job so anstrengend, dass Sie abends wie ein Hund auf dem Sofa vor sich hin dämmern? Oder tätigen Sie Frustkäufe, um die Spannungen abzubauen? Leben Sie über Ihre Verhältnisse und landet Ihre Kreditkarte viel zu oft auf dem Ladentisch? Sind Sie manchmal neidisch auf Besserverdienende? Oder gehören Sie selbst zu den Besserverdienenden, die immer so viele gemeine Steuern zahlen müssen? Das alles beeinflusst das gefühlte Gehalt und führt wahrscheinlich zu einer gewaltigen Minderung. Das tut weh.

Denn es ist nicht das gezahlte, sondern ausschließlich das gefühlte Gehalt, das darüber bestimmt, wie gut es uns geht. Bei manchen Menschen weichen beide Werte so stark voneinander ab, dass sie deswegen sogar in die Geschichte eingehen. Die meisten Wohltäter der Menschheit gehören in diese Kategorie: Mutter Theresa beispielsweise, Albert Schweitzer, und sogar der Dalai Lama. Lauter Menschen, die nur ein geringes Einkommen hatten oder haben, das Wenige aber noch als üppig betrachteten und in ihrer Kargheit dennoch immer ein frohes Leben führten.

Andererseits kennt doch fast jeder ein paar sehr wohlhabende Mitmenschen, die sich über ihre fetten Einkünfte gar nicht so recht freuen können. So ist es theoretisch möglich, dass das gefühlte Gehalt eines erfolgreichen Managers unter dem einer Krankenschwester liegt, die einen ebenso anstrengenden Job hat, aber ihn vielleicht sehr gerne tut.

Finden Sie unbedingt heraus, wo Ihr gefühltes Einkommen liegt. Nehmen Sie sich dazu einen möglichst großen Block und einen Stift. Listen Sie all Ihre Einkünfte auf und zählen Sie sie zusammen. Machen Sie keine Abzüge für Krankenkassenbeiträge, Miete oder dergleichen. Dies ist schließlich keine Bilanz im üblichen Sinne. Bleiben Sie bei Ihrem Bruttogehalt.

Nun gehen Sie daran, einen Katalog von Dingen oder Verhältnissen zu erstellen, die Ihre wirtschaftliche Grundbefindlichkeit beeinflussen. Die folgende Liste ist sehr allgemein. Fügen Sie individuell die Punkte hinzu, die in Ihrem Leben eine besondere Rolle spielen, und löschen Sie andere, die Ihnen nicht so wichtig sind. Bedenken Sie dabei, dass es hier lediglich um Dinge geht, die Ihr gefühltes Einkommen erhöhen oder mindern.

Da die meisten Menschen lernen müssen, in Ihrem Arbeitsalltag besonders tapfer zu sein, und darin geübt sind, sich ständig selbst zu motivieren, zählen die das Einkommensgefühl schwächenden Verhältnisse nur je fünf Prozentpunkte. Die positiven, das Einkommensgefühl erhöhenden Vorkommnisse zählen jeweils zehn Prozentpunkte.

Sieben Bedingungen, die das gefühlte Einkommen schwächen können

1. Unvereinbarkeit von Rauchern und Nichtrauchern am Arbeitsplatz
2. Arbeit in einem fensterlosen Raum
3. Kollegen neigen zum Mobbing
4. Chef ist ein Idiot

5. Kein Café, kein Friseur, kein Park in Büronähe
6. Arbeit schadet der Gesundheit
7. Arbeit im unteren Dienstleistungsbereich

Erweitern Sie diese Liste um individuelle Gegebenheiten, die bei Ihrer Arbeit eine Rolle spielen: Haben Sie zum Beispiel viele Kundenkontakte und neigen Ihre Kunden zu Gefühlsausbrüchen? Geht Ihnen das abends oft noch nach? Oder ist Ihre Arbeit körperlich sehr anstrengend und fühlen Sie sich oft nicht mehr fit genug, um alles durchzuhalten? Das gefühlte Einkommen schwächend kann aber auch sein, dass Sie sich ständig über- oder unterfordert fühlen, dass Sie einen überlangen Arbeitsweg haben oder dass Sie vor Tag und Tau beginnen müssen oder oft Nachtschichten haben.

Acht Bedingungen, die das gefühlte Einkommen erhöhen können

1. Büro blickt auf Bäume oder auf einen Fluss
2. Nette Kollegen machen Flirtangebote
3. Portier kennt Mitarbeiter mit Namen
4. Chef ist eine Seele von Mensch
5. Attraktive Freizeitumgebung in Arbeitsplatznähe
6. Private Telefongespräche und Internetsurfen während der Arbeitszeit werden nicht moniert
7. Betriebskindergarten und Betriebsrente
8. Flexible Arbeitszeit

Fügen Sie auch zu dieser Liste individuelle Punkte hinzu: Aspekte, die Ihnen bei Ihrer Arbeit besonders wichtig sind. Vielleicht haben Sie das Glück, in Ihrem Traumberuf zu arbeiten, oder Sie konnten sich als Quereinsteiger für einen Job qualifizieren, für den Sie ursprünglich gar nicht ausgebildet waren. Und vielleicht macht Ihnen die Arbeit sogar häufiger als einmal am Tag Spaß. Das ist mehr, als die meisten Leute von sich und ihrem Job behaupten können.

Zudem wirken bei der Feststellung des gefühlten Einkommens nicht nur berufliche Faktoren auf die Summe, die Sie monatlich verjubeln könnten. In den siebziger Jahren hat weltweit eine ganze Generation von so genannten Aussteigern gezeigt, dass man auch mit geringen wirtschaftlichen Mitteln sein Glück machen kann, wenn es denn genug andere Pluspunkte gibt, die das Leben zu einem Happening machen: Für viele innere Könige spielt es zum Beispiel eine große Rolle, wie viel persönliche freie Zeit sie pro Tag zur Verfügung haben. Andere legen besonders viel Wert auf eines der drei magischen »L«s: Landschaft, Liebe und Literatur. Gehen Sie in sich und überlegen Sie, welche dieser Faktoren für Sie selbst genussprägend sind und welche Ihr gefühltes Einkommen erhöhen.

Berechnen Sie nun Ihr gefühltes Gehalt, indem Sie zunächst die das gefühlte Einkommen schwächenden und dann die das gefühlte Einkommen stärkenden Punkte gegeneinander aufrechnen. Die positiven oder negativen Prozente ziehen Sie nun von

Ihrem gezahlten Einkommen ab, bzw. Sie fügen sie hinzu. Die so ermittelte Summe ist Ihr gefühltes Einkommen.

3. Mehr daraus machen

Wenn Sie in Ihrem privaten Bereich ein königliches Finanzmanagement installieren wollen, müssen Sie als Erstes daran arbeiten, das gefühlte Gehalt zu erhöhen. Dazu müssen Sie nicht mit Ihrem Chef reden und auch mit sonst niemandem. Zunächst einmal geht es nur darum, dass die tatsächlichen Ein- uns Ausgaben eine für Sie positive Gefühlsbilanz ergeben.

Es lohnt sich zum Beispiel, bei Neuanschaffungen zunächst darauf zu achten, ob die gekauften Gegenstände von guter Qualität sind. Natürlich kann man das Postulat von der Durabilität der Dinge auch übertreiben. Kein vernünftiger Mensch möchte ewig haltende Sportsocken besitzen, eine bis zum Tag des Jüngsten Gerichts strapazierfähige Matratze oder immer das gleiche Cabriolet. Dennoch können ordentlich verarbeitete Gegenstände letztlich wirklich Geld sparen. Vermutlich reduziert sich durch diese Verteuerung der Anschaffungen auch ihre Anzahl. Und das macht frei.

Der König kann auch etwas vom Bürger lernen. Einer der erfolgreichsten Merksätze großbürgerlicher Kultur lautet: Wir sind nicht reich genug, um schlechte Qualität zu kaufen.

Nichts hemmt die Entwicklung des inneren Königs so sehr, wie ein riesiger unbeweglicher Hausrat. Wenn Sie glauben, dass Sie nicht genug Geld haben, sollten Sie Ihre unerfüllten Wünsche einmal daraufhin anschauen, ob sie nicht irgendwann auch zu Ihrer Unbeweglichkeit beitragen würden.

Dabei geht es nicht nur darum, ob es möglich wäre, alles Hab und Gut geschwind einzuwickeln und in den Möbelcontainer für die Auswanderung nach Übersee zu werfen. Vermutlich wollen Sie ja gar nicht weg. Aber das Gefühl, es eher tun zu können als Ihr Nachbar, der mit den vier Dutzend mundgeblasenen Saftgläsern im Schrank, wird Sie stärken.

Das alles hat mit Sparsamkeit im üblichen Sinne wenig zu tun, sondern eher mit Großzügigkeit. Beschränken Sie sich bei Ihren unerfüllten Wünschen auf die wesentlichen. Machen Sie eine Kunst daraus, die Arte Povera des modernen inneren Königs. Seien Sie großkariert, nicht kleinkariert. Aber schon noch kariert. Denn bei allem ist wichtig, dass Sie die Balance behalten und eine gerade Linie fahren, ohne sich in ornamentalen Marotten zu verlieren.

Eines ist ganz sicher: Falls Geld Ihre einzige Leidenschaft sein sollte, und Sie mit ganzem Herzen nichts anderes wollen, als reich sein, können Sie dieses Ziel innerhalb von zehn Jahren erreichen. Jeder kann das.

Aber reich zu sein, reicht Ihnen ja nicht. Sie wollen außerdem noch gut schlafen, schmerzfrei essen, unbehindert draußen herumlaufen, und womöglich wollen Sie sogar Freunde haben. Und außerdem noch glücklich sein?

Wenn das so ist, können Sie in zehn Jahren bestenfalls wohlhabend werden. Und auch dafür werden Sie einiges tun müssen. Dafür sind dann aber all Ihre Wünsche erreichbar. Das Wichtigste ist, dass Sie die Regentschaft über Ihre Finanzen übernehmen. Dabei wird es leider nicht ausbleiben, dass Sie sich ein bisschen mit der Materie vertraut machen müssen.

In den vergangenen Jahren ist es üblich geworden, Information und Beratung in finanziellen Fragen zu vermischen. Man gibt vor, Sie zum Beispiel über einen Aktienfonds zu informieren, in Wirklichkeit aber rät man Ihnen, Fondsanteile zu erwerben. Wenn Sie die Gewalt über Ihre Finanzen gewinnen wollen, müssen Sie lernen, abhängige Berater von unabhängigen zu unterscheiden.

Armut auf allerhöchstem Niveau

Wenn Sie sparsam sind, wird sich Ihr gefühltes Gehalt leicht erhöhen. Um es aber massiv zu erhöhen, bedarf es der Einhaltung einiger Regeln, die Ihnen das Gefühl von Wohlstand, Sicherheit und Lebensfreude geben.

Zehn Regeln für ein Leben in Armut auf allerhöchstem Niveau

1. Trinken Sie Champagner (wenn überhaupt) nur in großen Schlucken. Das Nippen an sich ist kleinlich.

2. Loben Sie niemals die Dinge, die bei Ihnen auf dem Tisch stehen. Sagen Sie also weder zu sich noch zu anderen, dass das Huhn seinen Preis aber wert sei, dass es sich doch wirklich lohne, den Käse beim Fachhändler zu kaufen, oder dass die Kekse vom Konditor zwar teurer seien, aber doch wirklich lecker. Durch Ihre Kommentare erhöhen Sie den Luxus zur gelegentlichen Ausnahme, aber gleichzeitig demonstrieren Sie, dass Sie sich den Luxus leisten mussten. Lassen Sie sich das nicht anmerken.

3. Bezahlen Sie Ihre Rechnungen sofort, innerhalb von zwei Tagen nach Posteingang. Aber kontrollieren Sie sie, und reklamieren Sie sie im Zweifelsfall unverzüglich. Jede dritte Rechnung ist falsch.

4. Werfen Sie nicht aufgegessene Hasenbrote nach dem Ende einer Reise fort. Vielleicht nehmen Sie auch gar nicht erst welche mit.

5. Verbieten Sie Ihrem Blumenhändler, einen Strauß mit Asparagus oder anderem Füllgrün aufzutuffen.

6. Essen Sie niemals etwas in der Nähe von Papierkörben oder Abfalleimern.

7. Versuchen Sie, sich den Namen des für Sie zuständigen Sachbearbeiters bei der Bank zu merken. Falls Ihre Bank solche Leute nicht mehr beschäftigt, wechseln Sie sie.

8. Kaufen Sie Briefmarken, Toilettenpapier und Tiefkühlkost nur in großen Mengen ein und lagern Sie sie bis zum Verbrauch. Achten Sie bei diesen drei Warengruppen besonders auf Schönheit und/oder beste Qualität.

9. Fahren Sie mit Ihrem Auto regelmäßig durch die Waschanlage. Falls Sie Fahrrad fahren, suchen Sie sich ein Kind in der Nachbarschaft, das Ihnen das Rad gegen ein Taschengeld regelmäßig putzt.

10. Klagen Sie niemals über zu hohe Preise von Dingen, die Sie sich ohnehin nicht kaufen wollen.

Das sagt der innere Schweinehund

Ich kann mir nicht leisten, dreizehn Prozent meines monatlichen Einkommens zur Seite zu legen oder zu spenden. Ich komme gerade so hin mit dem Geld.

Gute Dinge sind teuer, und wenn ich sie mir kaufen will, aber nicht leisten kann, schmälert das mein gefühltes Gehalt erheblich.

Bei meiner Bank werde ich nicht persönlich beraten, aber ich kann nicht einfach wechseln, weil ich ein Darlehen laufen habe.

Königlicher Rat

Versuchen Sie, in größeren Zeiträumen zu denken, das Leben ist schließlich noch lang genug. Führen Sie alle Änderungen nur behutsam, aber mit Geduld und Weitsicht durch. Wenn Sie sich zurzeit in einer Finanzkrise befinden: Sehen Sie sich selbst und die ihren als königliche Familie im Belagerungszustand. Wenn Sie klug vorgehen und handeln, statt zu lamentieren, wird die Zeit der Belagerung bald Geschichte sein. Und vor allem: Geben Sie niemals auf! Es gibt für den inneren König nämlich nicht den geringsten Grund, das jemals zu tun.

6

Dynastische Fragen

1. Der kleine König

Wenn ein Kind geboren wird, dann ist es sofort und ohne jeden Zweifel immer ein kleiner König oder eine kleine Königin. Alle Babys sind majestätisch, auch die kleinsten, blassesten, zartesten, piepsigsten. Es macht keinen Unterschied, ob ein Kind in einer Hütte geboren wird oder in einem Palast. Neugeborene sind universal, der innere König ist in diesem Alter noch völlig identisch mit der kompletten Persönlichkeit des kleinen Menschen, er erfüllt ihn und die ganze ihn umgebende intakte Aura.

Es sind die Erfahrungen mit der Umwelt und mit anderen Menschen, meist zuerst mit den Eltern, die die Aura verändern und nach und nach zum Rückzug des inneren Königs führen, bis er möglicherweise eines Tages nur noch in den Tiefen des Bewusstseins existiert, schlafend auf dem Grund einer Erinnerung, die selbst kaum noch erinnert werden kann, bewacht von einer Horde eilfertiger innerer Schweinehunde, die den Zugriffsbereich fremder Energien bis ins Mark einer Seele ausgedehnt haben. Der innere König wehrt sich irgendwann nicht mehr. Und dennoch ist er da.

Versuchen Sie, Kontakt zu dem inneren König Ihrer frühen Kindheit aufzunehmen. Bitten Sie Ihre Eltern oder Verwandten um Ihre frühesten Babyfotos und schauen Sie sich selbst einmal in die Augen, so wie Sie waren, als noch alles in Ordnung war.

Wenn Sie ein Foto finden, auf dem das Baby, das Sie selbst einmal dargestellt haben, frontal in die Kamera blickt, können Sie auch eine Ausschnittsvergrößerung der Augenpartie in erwachsenem Format machen lassen und sich den schmalen Streifen in Ihre Wohnung hängen. Akzentuieren Sie das Bild sehr groß mit einem dunklen Passepartout und gönnen Sie sich einen schmalen vergoldeten oder silbernen Rahmen dafür.

Das ganze Werk mit der lebensgroßen Augenpartie sollte etwa so breit und so hoch sein wie ihr Oberkörper. Hängen Sie das Bild ein bisschen über Augenhöhe in Ihren Flur oder in Ihren Salon, richten Sie einen Galeriestrahler darauf und sagen Sie niemandem, um was für ein Kunstwerk es sich da handelt. Lächeln Sie sich gelegentlich zu.

Dynastische Fragen scheinen bei den meisten Menschen immer auch das Wort Schuld in sich zu tragen, so wie man mit Schokolade meist auch das Wort Kalorie assoziiert. Wenn Sie an Ihren ursprünglichen inneren König aus Ihren frühen Babytagen denken, und daran, wie unversehrt dieser damals noch gewesen sein muss und wie bestimmend, fragen Sie sich vermutlich sofort, wie es denn geschehen konnte, dass Ihr innerer König so schnell und so lautlos auf dem Grund Ihrer Seele eingeschlafen ist. Und im gleichen Augenblick fangen Sie an, die Sündenregister Ihrer Vorfahren aufzurufen.

Wer war es denn, der Ihnen den Schneid abgekauft hat? Und warum haben Ihre Mutter und Ihr Vater diesen Frevel nicht verhindert? Oder hat Ihre

Mama das etwa selbst mit Ihnen gemacht? Der Papa, die Oma, die Tante oder Ihr Bruder, die alte Pflaume? Haben Ihre Familienangehörigen Sie zu einem Untertanen erzogen? Haben sie ein Heer von Sklaven in Ihnen aufgebaut und befehligt? Haben Sie den inneren Schweinehund in Ihnen gefüttert, bis er laut wurde und dick?

Ließen Ihre Familienangehörigen sich etwa selbst von ihren inneren Schweinehunden dominieren? Waren es die Eltern, die Sie unterdrückt haben, bis Sie sich nicht mehr zur Wehr setzten? Oder haben sie sich schlicht zu wenig, zu viel und überhaupt ganz falsch um Sie gekümmert? Haben diese Leute Sie ungenügend auf das Leben vorbereitet, zu früh, zu spät oder überhaupt nicht losgelassen, waren sie grausam, eigensüchtig, vorbildlich oder schier unglaublich nett? Ist das alles daher gekommen?

Was auch immer es war. Es ist egal und es ist langweilig. Verschwenden Sie Ihr Leben nicht mit der Klärung von Schuldfragen.

Berufen Sie sich bei Ihren Ticks nicht auf die Schäden einer Kindheit, die zwanzig oder mehr Jahre hinter Ihnen liegt. Gehen Sie lieber zu dem Foto Ihrer majestätischen Babyaugen und danken Sie Ihrer Mutter und Ihrem Vater dafür, dass Sie diesem kleinen König auf die Welt verholfen haben. Selbst wenn dies die einzige kleine Mühe gewesen sein sollte, die Ihre direkten Vorfahren je an Sie verschwendet haben: Machen Sie möglichst in jeder Jahreszeit einen kurzen Besuch bei der Familie, telefonieren Sie zu den Feiertagen und vergessen Sie nicht die

Geburtstage, Ihren eigenen eingeschlossen. Bedenken Sie, dass Sie das für sich selbst tun.

2. Wie man seine Verwandten zähmt

Leichtigkeit

Lernen Sie, Ihre Familie zu ertragen. Aber bestimmen Sie selbst, wie viel Kontakt Sie wollen. Lassen Sie sich nicht zu Festen zwingen, die Sie nerven. Schicken Sie lieber ein kleines Geschenk oder Blumen und eine höfliche Karte. Alles, was Sie verschicken, sollte von majestätischer Leichtigkeit sein. Bewahren Sie Ihr Gesicht, indem Sie Ihren Verwandten helfen, das ihre zu bewahren.

Treue

Hüten Sie sich vor Dünkel aller Art. Falls Ihre Eltern das schäbigste aller Reihenhäuschen im ödesten aller Vororte bewohnen: Gehen Sie gelegentlich zu einem Besuch dorthin. Und schämen Sie sich nicht. Scham ist eine Angewohnheit wie Nägelknabbern. Lassen Sie es einfach sein. Falls Ihre Eltern die Erfinder der Peinlichkeit sind, politisch Dreck am Stecken haben und zudem eingefleischte Menschenhasser sind: Gehen Sie trotzdem hin. Schämen Sie sich vor niemandem. Vor sich selbst nicht und schon gar nicht vor anderen.

Lassen Sie nähere Anverwandte nicht im Gefängnis, im Altersheim oder in ihren Spukschlössern verschmoren.

Nehmen Sie mindestens brieflich Anteil an Taufen, Hochzeiten und Jubiläen. Aber gehen Sie unbedingt immer persönlich zu allen Beerdigungen in Ihrer Familie. Ziehen Sie Ihren majestätischen Mantel an und trauern Sie mit. Weinen Sie leise mit den anderen oder ganz allein und vermeiden Sie jede Art von Dramatik. Dann können Sie wieder Ihrer eigenen Wege gehen.

Gnadenlosigkeit

Diskutieren Sie mit Ihren Leuten nicht über Fragen des Lebensstils. Lassen Sie die Vergangenheit ruhen und versuchen Sie für Ihre Gespräche Themen zu finden, die vielleicht doch noch verbinden. In jedem politisch Andersdenkenden steckt auch ein Fachmann für Fragen des unpolitischen Lebens. Vielleicht bekommen Sie auf diese Weise ein paar gute Tipps für die Pflege Ihrer Begonien oder das Nachkriegsrezept für Heringssalat ohne Heringe.

Versuchen Sie, Ihre Familie zu lieben. Dazu ist es bekanntlich nicht erforderlich, dass diese Sie auch zurückliebt. Irgendetwas Liebenswertes sollte sich doch an jedem Menschen finden. Konzentrieren Sie sich auf diesen Punkt. Blenden Sie alles aus, was Ihnen nicht gefällt. Für eine Stunde oder zwei müsste das eigentlich gelingen.

Falls Ihre Verwandten Sie ihrerseits stets sofort mit der Aggressivität tasmanischer Teufel zu überfallen pflegen, halten Sie kurz inne und wechseln dann sofort Ihre gewöhnliche Gesprächsstrategie. Ihre Schwester ist eine ausgemachte Ziege, die ständig an Ihnen herumkritisiert? Ihre Tante ist eine von Vorwürfen berstende Monomanin, die Sie verletzt, wo Sie nur kann? Ihre Mutter schließlich hat Sie seit dreißig Jahren nicht gefragt, wie es Ihnen geht? Lauter schreckliche Leute?

Lächeln Sie! Auch wenn Ihnen nicht danach ist. Ein lächelndes Gesicht ist viel entspannter als ein finsteres. Allein durch den künstlich herbeigeführten Vorgang des Lächelns werden im Gehirn Endorphine freigesetzt, die sich positiv auf Ihre Stimmung auswirken.

Ziehen Sie einen Schlussstrich. Gehen Sie ab heute niemals mehr auf familiäre Angriffe dieser Art ein. Überhören Sie sie einfach. Übernehmen Sie die Führung des Gesprächs. Loben Sie Ihre Schwester für das, worauf sie am stolzesten ist. Erkundigen Sie sich ohne den geringsten Anflug von Kritik bei Ihrer Tante, ob es irgendetwas gibt, was Sie für Sie tun können. Bitten Sie Ihre Mutter um einen Rat in einer Alltagsfrage. Bleiben Sie leicht und heiter und lassen Sie sich nicht provozieren, egal, was passiert. Sie müssen nur zwei Nachmittagsstunden an einem Kaffeetisch überstehen, ohne sich Ihr eigenes Energiefeld zerstören zu lassen.

Konversation

Ersehen Sie Ihre Familie dazu aus, an ihnen die Kunst der perlenden Konversation zu üben. Sehen Sie es als ein Training an. Lassen Sie sich nicht entmutigen, wenn es nicht gleich klappt. Üben Sie unverdrossen weiter. Kontern Sie die ätzenden Attacken Ihres Onkels mit eleganten Liebenswürdigkeiten. Bitten Sie Ihren erbsenhirnigen, aber muskelschweren Vetter um Tipps für Ihr eigenes Körpertraining. Sie müssen die Tipps ja nicht befolgen. Bitten Sie Ihre nuttige kleine Nichte darum, Ihnen den neuesten Film zu beschreiben, den Sie gesehen hat. Loben Sie ihre Fingernägel und erkundigen Sie sich nach deren Wartung. Seien Sie präsent und verbitten Sie sich selbst jeden Anflug von Kritik.

WEITSICHT

Für die Weiterentwicklung Ihres inneren Königs ist es unbedingt erforderlich, inneren Frieden mit der auch noch so ungeliebten Familie zu schließen. Befrieden Sie nicht nur eventuelle Konflikte in der Vergangenheit durch distanzierte Freundlichkeit und gnadenlose Liebe, bedenken Sie auch, dass Sie irgendwann dynastische Fragen zu beantworten haben werden, die weit in die Zukunft hineinreichen.

DAS SAGT DER INNERE SCHWEINEHUND

Sich nicht provozieren zu lassen, ist leicht gesagt. Ich bin ein Mensch mit Gefühlen, und wenn ich gereizt werde, kann ich nicht einfach gute Miene zum bösen Spiel machen. Sonst wäre ich gleichgültig oder ein Heuchler.

Warum soll ich mich überhaupt um Menschen

kümmern, denen ich egal bin, nur weil sie Verwandte sind?

Königlicher Rat

Weil diese Menschen ein Teil Ihres Lebens sind. Erst wenn Sie eine königliche Haltung zu Ihrer Verwandtschaft entwickelt haben, sind Sie nicht mehr verletzbar, denn Sie haben erkannt, dass diese Menschen zu Ihrer Vergangenheit gehören, einem – hoffentlich – abgeschlossenen Kapitel Ihres Lebens.

3. Königliche Wahlverwandtschaften

Wenn Sie keine eigenen Kinder oder nur ein Kind haben, müssen Sie schon jetzt daran denken, dass Sie selbst eines Tages vielleicht zu den ältesten Menschen gehören werden, die Sie kennen. Vielleicht sind Sie für eine Weile sogar selbst der Allerälteste. Und vielleicht wird diese Erkenntnis Sie dann zu Tränen langweilen. Wenn Sie bis zu diesem Tag keine guten Beziehungen mit Menschen aufgebaut haben, die dreißig, vierzig oder fünfzig Jahre jünger sind als Sie selbst, wird es sehr schwer werden, das noch einmal aufzuholen.

Eine fruchtbare Großfamilie ist kaum eine Garantie für das Überleben einer Dynastie im Sinne des inneren Königs. Das sehen Sie ja bei Ihren eigenen

Leuten. Viel besser ist es, wenn Sie rechtzeitig daran gehen, sich zusätzlich ein Geflecht von Wahlverwandtschaften aufzubauen.

Soziologen habe ausgerechnet, dass sich in unseren Breiten durchschnittlich einmal pro Woche die Gelegenheit ergibt, jemand Neues kennen zu lernen, dessen Bekanntschaft rein theoretisch länger als fünf Jahre halten könnte.

Falls Sie unfreiwillig allein leben sollten, erwarten Sie jetzt noch keine Ratschläge für die Partnersuche. In diesem Jahr haben Sie dazu keine Zeit, Sie müssen zunächst einmal ein Geflecht von Wahlverwandtschaften herstellen, dann sehen Sie weiter.

Beim Aufbau einer Wahlfamilie liegt das Geheimnis in der bunten Zusammensetzung. Verfallen Sie nicht der Versuchung, sich einfach mit einer bestehenden Clique von Gleichartigen anzufreunden, so wie sie in Vereinen anzutreffen sind. Sie könnten eines Tages die Lust am Taubenschießen verlieren und büßen dann mit einem Schlag ihr ganzes Netzwerk aus dickbäuchigen, schussfesten Mittfünfzigern ein. Überhaupt ist gewöhnliche Vereinsmeierei der Entwicklung des inneren Königs nicht sehr zuträglich.

Achten Sie darauf, dass alle Ihre Wahlverwandten möglichst verschiedene Aspekte Ihrer Persönlichkeit ansprechen. Bedenken Sie bei allen Freundschaften, dass sie gut ausbalanciert sind. In ungleichgewichtigen Beziehungen, in denen einer nur gibt und der andere nur nehmen kann, entsteht sehr schnell auch ein energetisches Ungleichgewicht. Stellen Sie stets sicher, dass alle Ihre Wahlverwandten mit Ihnen auf gleicher Augenhöhe sind.

Zehn Menschen, mit denen Sie befreundet sein sollten

1. Seien Sie mit mindestens einem sehr alten Menschen befreundet.

2. Schließen Sie Freundschaft mit einem Kind. Werden Sie dazu mehrfach in Ihrem Leben Patentante oder Patenonkel.

3. Kümmern Sie sich um jemanden, der sehr krank ist.

4. Seien Sie mit Menschen aus mindestens vier außereuropäischen Ländern befreundet.

5. Suchen Sie die Freundschaft mit einem sehr reichen Mann oder einer sehr reichen Frau.

6. Befreunden Sie sich mit jemandem, der vom Alter her Ihr Vater oder Ihre Mutter sein könnte.

7. Suchen Sie das Gespräch mit Menschen, die politisch oder gesellschaftlich völlig anders denken als Sie selbst.

8. Suchen Sie die Freundschaft des gebildetsten Menschen, den Sie finden können.

9. Suchen Sie sich einen Freund, der ganz in Ihrer Nähe wohnt. Und einen am anderen Ende der Welt.

10. Bemühen Sie sich um einen Feind. Mit Feinden von hoher Qualität kann man zum Beispiel wunderbar Tennis spielen.

Schließen Sie nur unabhängige Freundschaften. Und lassen Sie dabei in erster Linie Ihr Herz sprechen. Ihr

Verstand meldet sich früh genug. Überlegen Sie sich gut, wie groß Ihre Wahlfamilie sein darf. Wenn Sie im kommenden Jahr die halbe Welt umarmen, und jede Woche einen neuen Freund oder eine neue Freundin an Ihre Königsbrust drücken, werden Sie bald einen Extraetat für 52 Geburtstagsgeschenke einrichten müssen und vermutlich ständig im Laufschritt unterwegs sein, um all diese Freundschaften angemessen zu pflegen. Denken Sie lieber zunächst an höchstens ein Dutzend Wahlverwandte.

Kleine Pflegeanleitung für königliche Freundschaften

1. Verwechseln Sie nicht die Ablehnung anderer mit Ihrer eigenen Ablehnung gegenüber Fremden.

2. Wenn Sie glauben, dass jemand Ihnen aus dem Weg geht, prüfen Sie zunächst, ob das nicht vielleicht umgekehrt ist.

3. Überwinden Sie sprachliche Hürden.

4. Gehen Sie nicht davon aus, dass Sie immer die Gefühle und Handlungen anderer richtig deuten.

5. Enthalten Sie sich jeglichen Dünkels, egal ob Sie den Eindruck haben, auf der gesellschaftlichen Leiter über oder unter jemandem zu stehen.

6. Überfallen Sie niemanden mit Freundschaftsangeboten. Belassen Sie neue Kontakte zunächst bei lockeren Bekanntschaften. Gehen Sie nicht zu schnell enge Verbindungen ein.

7. Verletzen Sie niemanden und fühlen Sie sich selbst nicht verletzt, wenn aus einer neuen Bekanntschaft nichts Festeres wird.

8. Gehen Sie niemals therapeutische Beziehungen ein. Langfristig können Sie niemanden gegen seinen Willen retten.

9. Besuchen Sie niemals Feste oder Veranstaltungen nur deshalb, weil Sie hoffen, dort Bekanntschaften zu machen. In Volkshochschulkursen oder auf Partys herumirrende Kontaktsucher sind unwürdig.

10. Freundschaften zwischen Menschen, die auf den ersten Blick überhaupt nicht zueinander zu passen scheinen, entfalten nach Jahren oft einen ganz besonderen Charme.

Bedenken Sie, dass der innere König – wie weit entwickelt auch immer – nicht nur Ihnen selbst innewohnt, sondern auch allen anderen Menschen.

7

DIPLOMATIE

1. Der König knüpft ein Netz

Wenn sich der innere König schon ein wenig entfaltet hat, ist es unbedingt erforderlich, ihn auch äußerlich zu stärken. Dazu kann die alte Kunst der Diplomatie gute Dienste leisten. Diplomatie im klassischen, altfranzösischen Stil bedeutete vor allem, einen Staat nach außen hin zu repräsentieren, Kontakte aufzubauen und zur Vermeidung von Kriegen im Ausland zu vermitteln. Doch eine Überbetonung des repräsentativen Elements ist heute nicht mehr zeitgemäß.

Moderne Diplomaten verstehen sich heute vor allem als Networker, als Knüpfer von möglichst vielfältigen Netzwerken. Ihre Instrumente sind die grenzenlose und die vielfältige Kommunikation. Dabei repräsentieren sie ihre Staaten lange nicht mehr allein auf die konventionelle Weise mit Banketten und Empfängen. Sie verkaufen das Image ihrer Staatsmacht wie das Image einer Ware, und sie bedienen sich dabei der breiten Medien und der angesehensten Werbeagenturen.

Machen Sie sich diesen Wandel in der modernen Diplomatie zunutze, in dem Sie die Macht Ihres inneren Königs weniger und seltener durch reines Repräsentieren als vielmehr durch das Knüpfen von Netzwerken stärken. Dabei geht es keinesfalls darum, weitere Freundschaften zu knüpfen. Ein Kontakt ist keine Freundschaft. Ein Kontakt ist nur ein Kennen. Und er dient Ihrer Stabilität.

Wann und ob Sie Ihre Kontakte einmal brauchen werden, und welche Bekanntschaft sich dann als die wertvollste erweisen wird, ist völlig ungewiss. Absichern können Sie sich nur, wenn Sie möglichst viele unterschiedliche Menschen kennen, die Ihnen dann eines Tages zumindest einen Gefallen tun werden: den des Wiedererkennens.

Nicht ist so nervenzerfetzend, als sich in einer Krisensituation zunächst einmal selbst ausführlich vor- und darstellen zu müssen. Aber wenn Sie Ihren italienischen Hausmeister mit Namen kennen und er weiß, in welcher Wohnung des riesigen Wohnblocks Sie leben, weil Sie ihm aus dem Italienurlaub immer eine Flasche bestes Olivenöl mitbringen und ihn stets freundlich gegrüßt haben, steigt die Chance, dass er herbeigeeilt kommt, um Ihnen bei Ihrem Dilemma mit dem abgerissenen Waschmaschinenschlauch zu helfen, um mindestens fünfzig Prozent.

Allerdings sollten Sie des Guten auch nicht zu viel tun. Gute Kontakte leben von Ihrer Unverbindlichkeit und von Ihrer Leichtigkeit. Schließlich geht es nicht darum, eine langwierige Bestechungsaktion vorzubereiten.

Gehen Sie immer davon aus, dass Sie selbst die Früchte Ihres Tuns vielleicht gar nicht mehr ernten werden. Versuchen Sie, Ihre diplomatischen Bemühungen weit gehend von einem mutmaßlichen Endzweck zu lösen. Das erhöht die Leichtigkeit. Und das stärkt Ihren inneren König und verhilft Ihnen zu weiteren mühelosen Kontakten.

Falls es Ihnen schwer fällt, Kontakte zu knüpfen,

halten Sie sich für eine Übergangszeit an folgende Regel: Knüpfen Sie nicht mehr als einmal pro Woche einen neuen Kontakt. Pflegen oder erneuern Sie aber täglich einen einzigen Ihrer bestehenden Kontakte. Wenn Sie das jeweils bis mittags erledigen, haben Sie das Thema für den Rest des Tages hinter sich.

Zehn Menschen für das königliche Netzwerk

1. Ihr Friseur:

Abgesehen davon, dass ein ordentlicher Haarschnitt den inneren König auch in schwersten Zeiten zu stabilisieren vermag, ist es wichtig, dass Sie in jeder Phase Ihres Lebens Ihren persönlichen Friseur haben. Es muss ja nicht jahrzehntelang derselbe sein. Aber es muss jemanden geben, der mit Ihren Haaren immer wieder genau das tut, was Sie wollen. Wenn Sie außerhalb Ihrer Friseurbesuche noch andere Aufgaben im Leben zu bewältigen haben, sollte das Haareschneiden nicht stets und ständig experimentellen Charakter haben.

2. Ihr Banker:

Kann ja sein, dass Ihr Girokonto immer wieder ins Nichts abgleitet, und dass Sie auch ansonsten gegen weltlichen Besitz eingestellt sind. Aber einen persönlichen Banker haben Sie sich trotzdem verdient. Wenn die Sache bei Ihrer Bank irgendwie verfahren erscheint, wechseln Sie sie und fangen Sie pekuniär ein neues Leben an. Wählen Sie nicht die billigste Bank, sondern die mit dem besten Service. Tätigen Sie Ihre Geschäfte gelegentlich persönlich statt immer nur per Internet. Merken Sie sich den Namen Ihres Kundenberaters und halten Sie Kontakt zu ihm.

3. Ihr Medizinmann:

Suchen Sie sich einen Arzt oder einen guten Heilpraktiker, der Zeit für Sie hat, und gehen Sie einmal jährlich zum Check-up. Bestehen Sie darauf, dass der Heilkundige Ihre Gesundheit erhält, statt Sie lediglich in Zeiten der Krankheit zu kurieren. Meiden Sie Großpraxen mit schnellem und unpersönlichem Durchlauf. Suchen Sie sich einen Mediziner, der Sie nach den Grundsätzen der ganzheitlichen Medizin behandelt und der Sie gelegentlich auch telefonisch berät. Wenn Sie nicht sofort fündig werden, suchen Sie mit Bedacht weiter. Solange Sie noch gesund sind, haben Sie dafür jede Menge Zeit.

4. Ihr Spiritualist:

Je weiter Sie den inneren König in sich entwickelt haben, desto wichtiger wird es Ihnen erscheinen, gelegentlich jemanden aus einem anderen Blickwinkel als dem Ihren auf Ihr Leben schauen zu lassen. Wer dieser jemand ist und welche Berufsbezeichnung er hat, entscheiden Sie allein nach der Maßgabe Ihrer persönlichen Vorlieben. Dieser Mensch kann ein Astrologe sein oder ein Traumdeuter, ein Wahrsager oder ein Auraleser. Wichtig ist nur, dass Sie ihn für seine Dienste bezahlen. Ein Spiritualist ist die ideale Person zur Aufrechterhaltung eines idealen Kontaktes. Sie sollten einander kennen. Aber nicht zu häufig sehen. Und auch wenn gelegentlich Persönliches zur Sprache kommt, sollte der Kontakt doch niemals über den Bereich der reinen Dienstleistung hinausgehen. Sie gehen mit einer Frage zu Ihrem Spiritualisten. Er gibt Ihnen eine Antwort. Und dann wissen Sie, wie man die Sache auch noch sehen kann, aber nicht sehen muss.

5. Ihr Nachbar:

Nur weil jemand zufällig neben Ihnen wohnt, muss es ja keinen heißen Draht zu ihm geben. Dennoch ist es wichtig, zumindest von einem näheren Nachbarn den Namen und die Telefonnummer zu kennen und mit ihm in lockerem Kontakt zu stehen. Bei diesem Ihrem speziellen Nachbarn geht es nicht um seine Nettigkeit, sondern um die perspektivische Zuverlässigkeit. Vermutlich haben Sie ja ohnehin mehrere Nachbarn, suchen Sie sich halt den seriösesten aus. Laden Sie ihn mal zu einem Kaffee oder dergleichen in Ihre Wohnung ein, wenn sich die Gelegenheit bietet. Halten Sie Abstand, aber seien Sie nicht zu unverbindlich. Vielleicht brauchen Sie diesen Menschen irgendwann einmal dringend, um sich zum Beispiel die Post ins Exil nachschicken zu lassen. Vielleicht auch nicht.

6. Ihr Finanzbeamter:

Glauben Sie nicht, dass Ihnen dieser Kontakt im Ernstfall etwas nützen wird. Trotzdem ist es zumindest im energetischen Bereich hilfreich, den Menschen, der Ihre Steuererklärung bearbeitet, mit Namen zu kennen, und daraus zu schließen, dass es sich tatsächlich um einen Menschen handelt. Gehen Sie freundlich und distanziert mit ihm um und bauen Sie kein Feindbild auf. Er will Sie nicht vernichten. Er macht nur seinen Job. Wenn Sie das erkannt haben, wird es Ihnen leichter fallen, sich allmonatlich von fast der Hälfte Ihres Einkommens zu verabschieden. Außerdem kann der Beamte Ihnen nützlich sein, wenn es um die Verlängerung von Fristen geht.

7. Ihr Bundestagsabgeordneter:

Was Sie bei der letzten Wahl gewählt haben, werden Sie ja noch wissen. Aber wie hieß Ihr Direktkandidat? Und wo hat er sein Büro? Auch ein weitgehend unpolitischer Mensch sollte seinem Direktkandidaten wenigstens einmal die Hand geschüttelt oder seiner Rede gelauscht haben. Zur Pflege des inneren Königs gehört es auch, dass er sich seiner staatsbürgerlichen Pflichten und Rechte bewusst ist. Halten Sie distanzierten Kontakt zu Ihrem Kandidaten. Falls er menschlich wenige Qualitäten hat und zudem politisch nichts zustande bringt, haben Sie einen guten Grund, bis zum nächsten Mal Ihre Wahlentscheidung zu überdenken oder sich vielleicht sogar selbst politisch zu engagieren.

8. Ihr Anwalt:

Dieser Fall kommt in jedem Krimi vor: Ein Mensch kommt wegen einer Strafsache in Untersuchungshaft, unschuldig natürlich, und es wird ihm gestattet, seinen Anwalt anzurufen. Das ist bestimmt eine gute Idee, vorausgesetzt, man hat einen. Haben Sie keinen? Nun können Sie ja schlecht eine kleine Straftat begehen, nur um schon mal einen kennen zu lernen. Und bestimmt wollen Sie auch in so einer delikaten Lage nicht die Auskunft bitten, Ihnen irgendeinen Rechtsgelehrten herauszusuchen. Machen Sie es einfach so: Falls es in Ihrem Freundeskreis keinen Strafrechtler gibt, der sofort an Ihre Seite eilt, wenn Not am Mann ist, sollten Sie rechtzeitig die zwei oder drei besten Strafrechtler der Gegend recherchieren. Verfolgen Sie dafür einfach aufmerksam die Gerichtsberichterstattung in Ihrer Lokalzeitung. Falls das nichts bringt, suchen Sie sich an einem langweiligen Sonntagnachmittag zwei größere Kanzleien aus dem Telefonbuch oder dem Internet heraus und tragen Sie die Kontakte in Ihr Adressbuch ein. Um Ihr Anwalt zu werden, muss Ihr Anwalt Sie noch nicht kennen. Aber Sie wissen schon einmal, wen Sie im Zweifelsfall anrufen können.

9. Ihr Gastronom:

Machen Sie nicht den Fehler, in der örtlichen Gastronomie herumzuirren, als sei Ihnen nichts und niemand gut genug. Entwickeln Sie eine gewisse Standorttreue. Das muss ja nicht heißen, dass Sie allabendlich in dieselbe Kneipe schlurfen und dort allein mit Ihrem Gesichtsausdruck eine Halbe und einen Kurzen bestellen. Ihr persönlicher Gastronom könnte ja auch der Nudeldreher aus dem Restaurant an der Ecke sein oder der Sushimeister, den Sie nur alle zwei Monate aufsuchen. Mit Namen allerdings sollten Sie beide kennen und Sie sollten dort immer den besten verfügbaren Platz bekommen. Machen Sie Ihrem Gastronomen gelegentlich ein Kompliment, wenn er es verdient hat, geizen Sie nicht mit dem Trinkgeld herum, aber verbrüdern Sie sich nicht und biedern Sie sich keinesfalls an. Sonst verlieren Sie Ihren Status als Gast, und das ist nicht der Sinn der Sache.

10. Ihre bessere Hälfte:

Achten Sie bei Ihren Kontakten unbedingt darauf, dass nicht immer allein Sie es sind, der eines Tages profitieren könnte. Halten Sie auch eine Reihe von Kontakten aufrecht, bei denen der andere scheinbar immer nur nimmt und Sie vor allem geben. (Aber machen Sie keine Beziehung daraus.) Gewähren Sie Ihrerseits einem Nachbarn, der Sie als seriös im Sinne dieser Aufstellung erkannt hat, seinen Kontakt zu Ihnen zu pflegen und geben Sie ihm Ihre Telefonnummer, für den Fall, dass eines fernen Tages Sie es sind, der ihm einen Rettungswagen rufen muss. Spenden Sie auch Ihrem Bettler, demjenigen, der jeden Tag vor Ihrer U-Bahnhaltestelle hockt. Lassen Sie sich von Leuten mit Namen anreden, die finden, dass Sie ein wichtiger Kontakt sind. Gewähren Sie distanzierte Kontakte, so viel Sie nur können. Seien Sie großzügig mit Ihren Gaben und Talenten. Aber passen Sie auf, dass daraus nicht mehr wird, wenn Sie es nicht wollen. Halten Sie die Balance.

2. Drei diplomatische Tugenden

Unverbindlichkeit

Wenn Sie Ihre Kontakte über eine lange Zeit aufrechterhalten wollen und stets neue dazugewinnen möchten, werden Sie an Ihrer eigenen Leichtigkeit arbeiten müssen, an Ihrer Lockerheit und an der Mühelosigkeit Ihres Umgangs mit anderen.

Diese Unverbindlichkeit scheint einigen Menschen angeboren zu sein, während andere die Schwere der Gedanken als eine Art Schicksalslast mit sich herumzutragen haben. Während manche sich ständig selbst im Wege stehen und minutenlang überlegen müssen, bevor ihnen eine spontane Bemerkung einfällt, ist den Glückskindern der leichten Konversation schon das dritte Bonmot von den Lippen geperlt.

Wie gut, dass man Leichtigkeit im Umgang mit anderen Menschen auch lernen kann. Es ist damit genauso wie mit dem Skaten. Jeder kann es. Und man lernt es durch Üben. Genau wie beim Skaten gibt es verschiedene Stufen der Leichtigkeit. Fangen Sie nicht mit den Pirouetten an.

Halten Sie sich zunächst einmal auf den Beinen: Das bedeutet, dass Sie sich überhaupt in die Lage versetzen, einen beliebigen Menschen anzusprechen und zwei Sätze mit ihm zu wechseln. Zwei, nicht zwanzig. Klappt nicht? Auf die Nase gefallen, indem der von Ihnen Kontaktierte die Stirn runzelt, gähnt oder Sie einfach übersieht? Aufstehen und weiterüben.

Dann trainieren Sie die Bewegung: Lassen Sie Ihren Gesprächspartner mit einem freundlichen Wort stehen und ziehen Sie weiter Ihre Bahnen. Für den Anfang reicht es, wenn Sie dann noch eine Kurve können. Einfach von einem Gesprächspartner zum anderen umschwenken. Sie müssen keine Erklärungen abgeben, warum Sie das tun. Tun Sie es einfach.

Die sieben Regeln der diplomatischen Unverbindlichkeit

1. Halten Sie sich gerade und gehen Sie erhobenen Hauptes.

2. Lächeln Sie und entspannen Sie sich.

3. Atmen Sie tief aus, bevor Sie zu sprechen beginnen.

4. Übernehmen Sie die Regentschaft über den Kontakt, indem Sie Anfang und Ende der Kurzkonversation bestimmen.

5. Halten Sie Ihren Gesprächspartner nicht länger als zwei Minuten fest.

6. Merken Sie sich den Namen Ihres Gesprächspartners und verwenden Sie ihn am Ende des Gesprächs. Notieren Sie sich den Namen, sodass Sie ihn beim nächsten Zusammentreffen parat haben.

7. Haben Sie ein Ziel und behalten Sie immer im Auge, was Sie ursprünglich vorhatten: Einkaufen gehen, einen Besuch machen, sich etwas vom kalten Büfett holen. Weichen Sie von diesem Plan nicht ab.

Üben Sie die Leichtigkeit der Konversation aber nicht auf der Straße, im Supermarkt, im Wartezimmer des Arztes (übrigens ohnehin kein guter Ort für den inneren König) oder gar beim Sport. Werden Sie keinesfalls einer dieser Schwätzer, die glauben, sie müssten einen anderen Menschen dringend kennen lernen, nur weil sie zufällig mit ihm im selben Fahrstuhl stecken geblieben sind. Üben Sie ausschließlich in echten Situationen, die Ihnen selbst nützlich sind und die mit Ihnen selbst etwas zu tun haben.

Bei Ihrem eigenen Geburtstagsfest zum Beispiel. An Ihrem Arbeitsplatz. Beim nächsten Zusammentreffen mit der Familie. Oder auf Reisen.

Wenn Sie Schwierigkeiten haben, eine Konversation mit einem Fremden zu eröffnen, versuchen Sie es einfach mit einer Frage. Die meisten Menschen geben freundlich Auskunft über ihre Umgebung und teilen gerne ihr Wissen über Rachmaninow, Rosenpflege und Rezepte mit frischem Ingwer.

Die Gleichheit

Kann schon sein, dass es Ihnen bislang immer leichter gefallen ist, wenn Sie mit jemandem von oben herab sprechen konnten. Und dass es Ihnen eher unbehaglich war, wenn man versuchte, so etwas mit Ihnen zu tun. Welche dieser beiden Situationen sollte man vorziehen? Keine. Im diplomatischen Sinne sind beide gleichermaßen unfruchtbar. Ihren Wunsch, andere zu dominieren, oder ihrerseits von anderen dominiert zu werden, können Sie ja vielleicht in anderen Bereichen ausleben. Beim Aufbau und der Pflege von diplomatischen Kontakten aber gilt es unbedingt, eine goldene Regel zu beachten: Diplomatie funktioniert nur auf gleicher Augenhöhe.

Welcher der beiden Gesprächspartner sich nun kleiner oder größer machen, empfinden oder darstellen muss, um mit dem anderen auf gleicher Augenhöhe zu sein, ist oft schwer zu sagen. Denn zu den Paradoxien der Kommunikation gehört, dass es häufig Gesprächssituationen gibt, in denen sich beide Sprecher kleiner als der andere und damit unterlegen fühlen. Das führt fast immer zu Aggressionen. Ebenso aber gibt es Begegnungen zwischen Menschen, die sich beide dem jeweils anderen überlegen fühlen. Die Folge ist oft eine beiderseitige Depression.

Im täglichen Lebenskampf mögen solche Paarungen ja noch ganz inspirierend sein. Aber in der Diplomatie ist ein Gefälle absolut tödlich. Versuchen Sie, sich Ihrem neuen Kontakt in Würde und Demut zu nähern. Halten Sie sich an folgende Regeln:

Die sieben Regeln der diplomatischen Gleichheit

1. Verzichten Sie auf jeglichen Dünkel. Versuchen Sie nicht, Ihren Gesprächspartner zu bewerten. (Es ist egal, ob er Salat mit dem Messer schneidet, seine Steuern hinterzieht oder ob sein Parfüm nach Biberschweiß duftet. Sie sollen ihn ja nicht heiraten.)

2. Belehren Sie ihn nicht, und bemühen Sie sich, seine Gefühle nicht zu verletzen. (»Meine Güte! Wo haben Sie denn diesen Schlips gekauft?«)

3. Machen Sie niemals abgrenzende Bemerkungen. (»Sie wollen nach Mallorca? Ich finde es dort schrecklich.«)

4. Nehmen Sie ihn so, wie er ist, auch wenn er zum Beispiel schreckliche Tischmanieren hat. Wenn Sie häufig zu Geschäftsessen gehen und Ihre Kontakte auch beruflich pflegen müssen, sollten Sie sich unbedingt eine gewisse ästhetische Unempfindlichkeit zulegen. Schauen Sie nie wieder auf den Mund Ihres

Gegenübers, blicken Sie auf seine Nasenwurzel, auf Ihren eigenen Teller oder in die Ferne.

5. Legen Sie sich zusätzlich eine Art selektiver Taubheit zu. Ihr Gegenüber zuzelt, schmatzt und kompostiert beim Essen? Lauschen Sie lieber der Tischmusik, dem Strömen des Regens oder dem ruhigen Pochen Ihres eigenen Herzschlages.

6. Sprechen Sie möglichst selten über die vielen anderen Kontakte, über die Sie sonst noch verfügen. Protzen Sie nicht mit den tollen Typen herum, die Sie alle so gut kennen. Niemand möchte sich als eines von vielen Luftlöchern in Ihrem flüchtig geknüpften Netz empfinden.

7. Zur Pflege eines Kontaktes gehört es auch, ihn als möglichst einzigartig wahrzunehmen und ihm dieses Gefühl auch zu vermitteln.

DIE HALTBARKEIT

Und noch ein diplomatisches Paradoxon: Halten Sie Ihre Kontakte, aber benutzen Sie sie möglichst nicht, denn weitaus mehr Kontakte, als Sie vermuten, vertragen bestenfalls den einmaligen Gebrauch.

Ein guter diplomatischer Kontakt ist wie eine Keksdose im Vorratsraum. Er ist eine Absicherung. Aber er ist nicht unerschöpflich. Gehen Sie nicht zu leichtfertig damit um. Benutzen Sie ihn möglichst nur zur Aufrechterhaltung Ihres gesellschaftlichen Stoffwechsels. Transportieren Sie gute Informationen, gute Stimmungen und gute Strömungen.

Bitten Sie die Menschen, zu denen Sie ihre Kontakte halten, möglich selten um einen Gefallen. Und bitten Sie sie möglichst nie um einen Gefallen, der einen unehrenhaften, illegalen oder sonstwie dunklen Hintergrund hat.

Die sieben Regeln der diplomatischen Haltbarkeit

1. Hüten Sie sich vor Klatsch.
2. Bewahren Sie die Geheimnisse anderer.
3. Vertrauen Sie aber niemals anderen Ihre Geheimnisse an.
4. Bemühen Sie sich immer um ausgleichendes Verhalten.
5. Äußern Sie sich niemals abfällig über andere.
6. Lassen Sie Ihre diplomatischen Kontakte möglichst nicht zu Freundschaften werden.
7. Suchen Sie sich Ihre Sexualpartner möglichst nicht in der Gruppe Ihrer diplomatischen Kontakte.

Das sagt der innere Schweinehund

Wozu soll ich ein Netz aus Kontakten knüpfen, wenn ich sie dann doch nicht gebrauchen darf? Kann ich sie nicht wenigstens verwenden, um mich gegen irgendwelche Idioten zu wehren? Und was ist, wenn andere schlecht über mich reden? Das werde ich dann ja wohl auch mal dürfen.

Königlicher Rat

Nein. Hüten Sie sich vor Intrigen. Die Intrige ist ein Werkzeug des Krieges und nicht eines der klassischen Diplomatie. Eine Intrige entwickelt sich manchmal plötzlich gegenläufig. Das passiert umso leichter, wenn Sie ein sehr großes und damit lockeres Netzwerk aufgebaut haben, das nur schwer zu kontrollieren ist. Und selbst wenn das gelänge: Mit nichts als einem Netz von guten Kontakten könnten Sie kaum eine Gegenintrige abfangen.

Werden Sie sich darüber klar, dass die Kunst der Diplomatie und die Kriegskunst zwei völlig verschiedene Handwerke sind. Aber der innere König beherrscht sie natürlich beide.

8

KÖNIGLICHE KRIEGSKUNST

1. Sieg oder Niederlage

Diplomatie ist die Kunst des Austausches mit friedlichen Mitteln, eine sehr charmante Art der Konfliktlösung, die das allgemeine Lebensgefühl hebt. Krieg hingegen ist die Kunst der Abgrenzung, und beinhaltet immer eine Form von Gewalt. Wer in den Krieg gezogen ist, verliert eines in jedem Fall, auch wenn er ansonsten siegreich ist: Er verliert seine moralische Unschuld.

Sieger werden häufig von Schuldgefühlen geplagt und von Albträumen aller Art. Sie haben ein energetisches Problem, weil sie sich gegen den Willen eines anderen etwas angeeignet haben, was dieser nicht freiwillig hergeben wollte. Und möglicherweise verdirbt ein großer kriegerischer Sieg auch noch die Anziehungskraft des inneren Königs in Liebesangelegenheiten, zumindest in den romantischen. Sieger werden zwar häufiger bewundert, aber meist weniger herzlich verwöhnt, und sie werden eher rein körperlich begehrt, als ganzheitlich geliebt.

Zudem hat der notorische Sieger selbst oft nur ungenügende eigene Qualitäten als Liebender. Denn Siegen, so schön es auch ist, macht leider süchtig. Auf dem oberen Rang der Wunschliste des Siegers wird immer ein weiterer Machtgewinn stehen. Aber nicht unbedingt der Wunsch, das Herz eines anderen Menschen zu erobern. Und das merkt man dem Sieger zudem auch noch an. Vielleicht führt das zu zeitweiser Einsamkeit im Gefühlsbereich. Ein künftiger Sieger sollte sich also gut überlegen, ob er wirklich gerne einer wäre. Der Preis eines Krieges ist immer hoch, auch wenn er gewonnen wird.

Wenn der innere König sich entschließt, in den Krieg zu ziehen, sollte er also vorher sorgfältig ausgeschlossen haben, dass es keine andere Möglichkeit gibt, diesen Konflikt beizulegen. Denn ein Krieg führt immer auch zu eigenen kleinen Verlusten. Zudem droht darüber hinaus, zumindest theoretisch, die komplette Niederlage.

Eine Niederlage muss man allerdings nicht fürchten. Nichts stählt den inneren König so sehr wie eine grandiose Niederlage. Fürchten Sie eine Niederlage deshalb niemals mehr als einen Sieg. Versuchen Sie, Ihre Angst zu kontrollieren. Der innere König ist in diesem Stadium bereits so weit entwickelt, dass ihm ohnehin nichts wirklich Gravierendes mehr zustoßen kann. Jetzt muss er nur noch lernen, zu handeln, eventuelle Widerstände der Umwelt zu brechen, Gefahren aus dem Weg zu räumen und seine eigenen Dämonen zu besiegen, die sich oft lediglich in den Menschen und Verhältnissen spiegeln, die wir als feindlich wahrnehmen.

In der vergangenen Jahrzehnten hat sich die politisch ungemein korrekte Ansicht durchgesetzt, dass ein Verteidigungskrieg moralisch weniger verwerflich sei als ein Angriffskrieg. Dieses Dogma ist im Laufe der Zeit sogar ein Bestandteil unserer Erziehungsideale geworden. Man kann schon bei kleinen Kindern auf Spielplätzen beobachten, dass sie mit spitzem Finger auf den vermeintlichen Aggressor deuten und ihm vorwerfen, dass dieser aber mit dem Scharmützel angefangen habe. Bei pazifistisch orientierten Erziehern gilt das tatsächlich als strafmindernd. Wer nicht angefangen hat, ist aus dem Schneider, der Angreifer aber trägt nach allgemeinem Dafürhalten die größere Schuld.

Was aber, wenn der gebeutelte Verteidiger nun seinerseits viel härter zuschlägt, als der Angreifer das jemals getan hat? Dieser hat zum Beispiel Pearl Harbor in Schutt und Asche gelegt; jener wirft eine Atombombe auf Hiroshima. Verliert der vermeintliche Verteidiger nicht seinen moralischen Vorsprung, wenn er zur Eskalation eines Krieges beiträgt? Und wer will letztendlich darüber richten? Der, der den ultimativen Konflikt überhaupt begonnen hat?

Im Alltag könnte kein Chef einer Firma, kein Mitarbeiter der Polizei, kein Bankangestellter, kein Familienvater, keine Lehrerin, keine liebende große Schwester einen völligen Verzicht auf Gegenwehr leben und ausleben. Der innere König ist zumindest sein eigener Schutzbefohlener. Aber fast immer gibt es auch noch andere Menschen und Materie, für die wir verantwortlich sind und die wir gegen Übergriffe aller Art zu schützen haben. Abgrenzung aber mündet manchmal fließend in Gegenwehr. Und die beinhaltet immer auch eine mehr oder minder starke Form von Gewalt.

Die sieben Künste des geborenen Kriegers

1. Er kann einen vermeidbaren Krieg von einem unvermeidbaren unterscheiden.
2. Er scheut nicht den unvermeidbaren Krieg.
3. Er wählt den richtigen Zeitpunkt für Anfang und Ende des Krieges.
4. Er hat keine Angst vor dem Ausgang des Krieges
5. Er betrachtet Sieg oder Niederlage mit dem gleichen kalten Blick.
6. Er vertraut auf seine innere Stärke.
7. Er weiß, das das Ziel des Krieges nicht der Sieg ist, sondern der Frieden.

2. Der König bereitet eine Schlacht vor

Schon zu Zeiten der Ritter war der Angreifer immer der stärkere der beiden Gegner. Er hatte mehr Kraft als die Verteidiger der Burgen und Schlösser, weil er etwas besitzen wollte, was ihm noch nicht gehörte, er aber unbedingt haben wollte. Seine Stärken waren sein ungestilltes Verlangen, sein Temperament und die Überzeugung, dass er eigentlich nichts zu verlieren hatte, sondern nur gewinnen konnte. Außerdem kam dem Angreifer der Überraschungseffekt zu Gute. Verteidigern hingegen haftet durch ihren Besitzstand immer auch das Moment der Sattheit an.

Bedenken Sie das, wenn Sie sich in Ihrem persönlichen Bereich in kriegerische Handlungen verstricken wollen. Wenn eine Auseinandersetzung unvermeidlich erscheint: Warten Sie nicht ab, bis Sie angegriffen werden. Sie geben dadurch einen strategischen Vorteil auf, den Sie vielleicht niemals wieder aufholen können.

Nun stammen ja die meisten von uns von der Generation der Achtundsechziger ab (oder zählen sich gar selbst noch dazu), von einer Altersgruppe, die das Spiel mit dem Krieg und seiner gewaltlosen Verweigerung, und dem Frieden und seiner gewaltsamen Durchsetzung so weit getrieben hat, dass sie oft selbst nicht mehr wusste, wo gut und böse war, links und rechts, oben und unten, und wie man denn auf dem Strom der politischen Korrektheit schwimmen soll, in der Mitte, am Rand, mit dem Kopf über Wasser oder ganz und gar untergetaucht.

Angehörige und Nachfolger dieser Generation sind oft mitten in die Gewaltdiskussion hineingeboren worden. Manche kamen in den Genuss der so genannten repressionsfreien Erziehung, buken Sandtörtchen in antiautoritären Kindergärten und durften paradoxerweise früh lernen, sich im freien Spiel der Kräfte mit anderen Pazifistenkindern um ihre Holzpuppen zu prügeln. Viele dieser ehemaligen Gören haben heute Positionen im gehobenen Management inne. Andere, deren Eltern wegen ihrer bürgerlichen Grundüberzeugung etwas länger an den klassischen Erziehungsidealen vorangegangener Zeiten hafteten, und die Neuerungen skeptisch und aus der Ferne betrachteten, erreichte die Kunde von einer neuen Zeit ausschließlich durch das Ohr. *Gewalt ist doof.* Das hörten die Kinder und Jugendlichen sogar schon in der Schule, allerdings nur von den Lehrern. *Wir müssen einfach mal darüber reden.* Das sagten später ihre ersten Liebespartner. *Man muss versuchen, sich zu arrangieren.* So sprach der Eheberater. *Man soll an seiner Beziehung arbeiten.* Das stand in der Frauenzeitschrift. Aber wie zum Teufel lernt man, einen Krieg zu führen? Und wo?

Zunächst gilt es, biografische, moralische oder psychologische Widerstände gegen kriegerische Handlungen zu überwinden. Auch gute Jungs und brave Mädchen können in den Krieg ziehen. Sie sollten es sogar manchmal tun. Sie sind deswegen nicht weniger gut oder brav. Denken Sie immer daran: Der innere König ist der geborene Krieger.

Die drei Säulen der Ritterschaft

1. Die Stärke: Halten Sie sich körperlich gesund und fit. Auch in modernen Zeiten spielt die körperliche Präsenz eines Kriegers eine große Rolle. Aber meiden Sie die so genannten Muckibuden mit dem klassischen Verliererpublikum. Orientieren Sie sich an den Regeln des ersten Kapitels und versuchen Sie, auf Ihre eigene Weise den Körper zu erlangen, der Ihnen gemäß ist.

2. Das Spiel: Üben Sie einen spielerischen Umgang mit den klassischen Rittertugenden wie Wendigkeit, Geschicklichkeit und Schnelligkeit. Kaufen Sie sich ein paar Jonglierkeulen und üben Sie in Ihrer Frei-

zeit damit. Legen Sie sich eine Dartscheibe zu und trainieren Sie Ihr Augenmaß und Ihre Treffsicherheit. Oder kaufen Sie sich einen Lenkdrachen, lassen Sie ihn auf freiem Feld fliegen und trainieren Sie die Kraft Ihrer Arme und Ihre Reaktionsfähigkeit. Sie werden bald sehen, wie viel Spaß das macht.

3. Die Stimmgewalt: Erhöhen Sie Ihre Stimmgewalt. Singen Sie täglich. Wenn Sie musikalisch sind, können Sie sogar Gesangsstunden nehmen. Ansonsten legen Sie gelegentlich Ihre Lieblingsscheibe auf und singen Sie laut mit. Singen muss keine Kunst sein, es kann auch zur schlichten Angewohnheit werden. Wichtig ist dabei nur, dass Sie lernen, die Kraft strömen zu lassen, die in Ihnen ist. Machen Sie das Singen nicht zu einem Programmpunkt, erledigen Sie dabei noch andere alltägliche Dinge. Staubsaugen ist dazu ganz ideal geeignet, denn es fördert die Lautstärke des Sängers. Nach einigen Wochen werden Sie feststellen, wie sich Ihr Brustkorb öffnet und wie Sie sich über Ihre körperlichen Grenzen hinaus in den Raum ausdehnen. Atmen Sie bei all Ihren Köperübungen und möglichst auch sonst immer in die Tiefe Ihres Bauches hinein. Selbst wenn Sie gar nicht dick sind: Stellen Sie sich vor, dass Sie ein orientalisches Königsgewand tragen, eines mit einer breiten roten Satinschärpe, die Sie stets zu sprengen drohen.

3. Der König zieht in die Schlacht

Haben Sie Ihre angeborene oder anerzogene Konfliktsangst überwunden? Dann bereiten Sie sich gründlich vor und scheuen Sie sich nicht, Unannehmlichkeiten oder sogar Entbehrungen auf sich zu nehmen. Versuchen Sie immer, mutig zu sein.

Fürchten Sie nicht, dass ein Alltagskrieg in Ihrer Firma, Ihrer Nachbarschaft, in der Familie oder im Freundeskreis das Ende Ihrer freundschaftlichen Beziehungen bedeutet. In Krisenzeiten kräftigen sich Freundschaften, sie können aber auch zu Feindschaften werden. Wagen Sie das Experiment.

Übung für den kleinen Konflikt

Suchen Sie sich dafür jemanden, der Ihnen unterlegen ist.

Ziel: Herausfinden, wie sich ein Kampf anfühlt. Das zeigt sich nur im Konfliktfall.

Obwohl es sich hier um das Gefühl des künftigen Kriegers handelt: Gehen Sie unbedingt völlig emotionslos vor.

Packen Sie den Stier bei den Hörnern. Schwächen Sie sich nicht selbst durch die Idee, dass Ihr Gegner Ihnen ja eigentlich gar nichts getan hat. Stimmt, er ist vielleicht unschuldig, vielleicht auch nicht. Aber das nützt weder ihm noch Ihnen. Sie müssen jetzt schließlich etwas üben, das für den Rest Ihres Lebens sehr wichtig ist.

Sonntagmorgen. Sie stehen zusammen mit einem guten Dutzend anderen Brötchenholer beim Bäcker an. Warten Sie, bis Sie nur noch vier oder fünf Wartende vor sich haben. Bitten Sie mit einer freundlichen aber knappen Bemerkung darum, kurz mal vorbeizudürfen, um die auf dem Tresen liegenden Zeitungen, Kekse oder Brotreste anzusehen. Kehren Sie kurz darauf in die Schlange zurück. Aber verbessern Sie sich um zwei oder drei Plätze. Vielleicht können Sie sich sogar bis ganz nach vorne schieben.

Möglicherweise wird jetzt das Missfallen Ihrer Mitwartenden laut werden. Vielleicht gibt es sogar eine Art Tumult, das wäre besonders wünschenswert, weil lehrreich.

1. Drehen Sie sich nicht zu den anderen Leuten um.

2. Lassen Sie sich unter keinen Umständen auf eine Diskussion ein. Fixieren Sie ausschließlich die Bäckereiverkäuferin.

3. Falls Sie geschubst werden, sehen Sie den Schubser an, als sei er ein lästiges Insekt. Aber weichen Sie nicht zurück.

4. Überhören Sie alles, was die Menschen sagen, die in dieser Bäckerei nichts verkaufen wollen.

5. Lächeln Sie kaum und fordern Sie stolz und mit ruhiger Stimme Ihre Brötchen.

6. Versuchen Sie unbedingt, völlig unschuldig zu wirken.

7. Konzentrieren Sie sich ganz und gar auf Ihr Ziel, zwei Brötchen zu erwerben.

8. Stellen Sie der Bäckereiverkäuferin eine Frage: Wie lange im voraus man eine Geburtstagstorte bestellen müsse, ob der Kuchen dort hinten Rosinen enthalte, um welche Uhrzeit heute geschlossen würde. Aber treiben Sie es nicht zu toll.

9. Achten Sie auf Ihre Atmung. Regen Sie sich nicht auf.

10. Kontrollieren Sie alle Gefühle, die Sie gerade gegen sich selbst richten wollten. Keinem dieser Menschen wird ein großes Leid geschehen, nur weil Sie gerade Ihre Übungen machen müssen. Verbannen Sie alle aufkeimenden Schuldgefühle. Bleiben Sie völlig gelassen. Versuchen Sie, das Gefühl, das Sie nun haben, in Ihrem Bewusstsein zu speichern. Wenn Sie sich demnächst in größere kriegerische Handlungen verstricken, wird Ihnen dieses Gefühl öfter, länger und viel stärker zuteil werden.

Übung für den mittelschweren Konflikt

Suchen Sie einen Konflikt mit Ihrem besten Freund oder Ihrer besten Freundin.

Ziel: Herausfinden, wie es um Ihre Verbündeten steht und ob Sie überhaupt welche haben. Echte Freundschaften beweisen sich ausschließlich im ernsthaften Konfliktfall.

Beschwören Sie einen Streit mit einem Ihrer besten Freunde nur dann herauf, wenn sich eine günstige Gelegenheit bietet. Beachten Sie dabei, dass dieser Konflikt umso interessanter wird, je stärker der materielle Hintergrund ist, vor dem er stattfindet. Vermeiden Sie Konflikte, bei denen es ausschließlich darum geht, was wer zu wem gesagt hat. Wortgeplänkel sind keine Konflikte.

Angenommen, Sie sind mit Ihrem Freund oder einer Freundin zu einer Wochenendreise nach London verabredet. Verkünden Sie nun einen Tag vor der Abreise, dass Sie nicht mitkommen werden, und weigern Sie sich, Ihren Anteil der Reisekosten zu tragen. Alternativ können Sie auch darauf bestehen, alleine zu fahren. Seinen Anteil der Reisekosten muss Ihr Freund in diesem Fall natürlich trotzdem tragen. Das klingt fies, oder? Bestimmt haben Sie bereits eine Ausrede im Kopf, warum Sie diese Übung unmöglich in die Tat umsetzen können.

Aber bedenken Sie bitte, welche interessanten Informationen auf Sie warten, wenn Sie sich entschließen, den Streit zu wagen. Zum Beispiel werden Sie erfahren, was Ihren Freund oder Ihre Freundin schon immer am meisten an Ihnen genervt hat. Sie werden darüber informiert werden, welches Ihre schlechteste Eigenschaft ist und bei welchen Gelegenheiten diese sich bereits vorher gezeigt hat. Und schließlich wird man Ihnen gewiss auch mitteilen, womit Sie Ihren Freund oder Ihre Freundin bislang am meisten verletzt haben.

Falls gerade keine Wochenendreise geplant ist, könnten Sie auch noch eine oder mehrere der folgenden Konfliktvarianten ausprobieren.

1. Ignorieren Sie einmal den Geburtstag des besten Freundes oder Ihrer besten Freundin.

2. Laden Sie Ihren besten Freund oder Ihre beste Freundin zu Ihrem nächsten Fest ausdrücklich nicht ein.

3. Seien Sie ein paar Tage lang und nur für ihn oder sie nicht erreichbar.

4. Kündigen Sie grundlos und ohne nähere Angaben eine Gemeinsamkeit: die wöchentliche Verabredung zum Tennis, den Spieleabend, das freitägliche Feierabendbier, die Segel- oder Reitpartnerschaft, den gemeinsamen Besuch im Theater.

5. Verabreden Sie sich mit dem Partner Ihres besten Freundes oder Ihrer besten Freundin zu einem Kinobesuch.

In dieser Übung verbergen sich zwei üble Fallen:

1. Achten Sie darauf, dass Sie selbst in einer guten Verfassung sind, wenn Sie den Konflikt beginnen. Falls Sie gerade mit einer Grippe das Bett hüten, dürfte der Zeitpunkt nicht ideal sein. Aber wenn Sie erst einmal für dieses Thema sensibilisiert sind, wird Ihnen vielleicht bald eine gute Gelegenheit in den Schoß fallen.

2. Denken Sie daran, dass Sie den Konflikt zu gegebener Zeit auch wieder ohne viele Worte beenden können müssen. Schließlich wollen Sie ja nicht mutwillig Ihre Freunde in die Flucht schlagen. Sie wollen Sie nur prüfen. Entschuldigen Sie sich, aber erklären Sie nichts. Vermeiden Sie im Gespräch mit Ihrem Freund unbedingt lange Erörterungen und psychologische Würdigungen des überstandenen

Konfliktes. Gehen Sie möglichst schnell zur Tagesordnung über. Machen Sie die Analyse da, wo sie hingehört: allein, zu Hause. Der innere König spricht niemals über kriegerische Handlungen, weder über vergangene noch über künftige. Befreundete Majestäten werden verstehen, dass auch Freundschaften gelegentlich Prüfungen unterzogen werden müssen. Falls sie es nicht verstehen sollten, müssen sie es lernen. Beichten Sie vor allem unter keinen Umständen, auch nicht unter Folter, dass Sie diesen Konflikt absichtlich heraufbeschworen haben. Hüten Sie diesen Teil Ihrer Gedanken wie einen Schatz. Für immer. Achten Sie aber unbedingt darauf, dass Sie den entstandenen materiellen Schaden später wieder ausgleichen.

Übung für den Konflikt mit dem ärgsten Feind

Wer wirklich Freund und Feind ist, können Sie in Friedenszeiten überhaupt nicht beurteilen. Dennoch ist es unwahrscheinlich, dass sich Ihr Erzrivale plötzlich als wahres Goldstück entpuppt. Kämpfen Sie doch einfach einmal mit diesem Burschen, dann wissen Sie genau, was los ist.

Die meisten Leute neigen dazu, diejenigen Menschen zum Kreis ihrer Feinde zu zählen, die ihnen einstmals ein Leid zugefügt haben. Warum eigentlich ist diese Beziehung so einseitig? Lokalisieren Sie den Feind, der am häufigsten durch Ihre Albträume geistert, und greifen Sie ihn selbst an.

Angenommen, Ihr Nachbar geht Ihnen seit langem auf die Nerven. Kaum feiern Sie eine Party, alarmiert er die Polizei wegen Ruhestörung. Seinerseits mäht er aber jeden Samstagmorgen seinen Rasen, während Sie noch in Morpheus' Armen ruhen. Er beschwert sich über die Zweige Ihres alten Apfelbaums, die in seinen Garten hängen, und Sie haben ihn in Verdacht, dass er nachts Ihre Mülltonnen umkippt. Kurz: Er ist der geborene Feind. Aber traut er sich auch einen Kampf zu? Lassen Sie es einmal darauf ankommen.

Wählen Sie den idealen Zeitpunkt, einen Tag, an dem der innere König stark und kampfbereit ist. Machen Sie zunächst eine kurze Strategiesitzung. Teilnehmer: der innere König ganz allein. Versuchen Sie zu analysieren, was Ihr Feind am meisten fürchtet. Die meisten feindseligen Menschen tun nichts anderes, als ihr Terrain zu verteidigen, ohne dass es wirklich angegriffen wird. Sie haben nichts als eine kleinmütige Angst vor der Verletzung Ihres Reviers.

Machen Sie sich diesen krankhaften Zustand Ihres Feindes zunutze. Überlegen Sie sich, womit Sie Ihren Feind am ehesten aus der Reserve locken könnten. Dann greifen Sie ihn an.

Verletzen Sie doch mal mutwillig das Revier des Feindes. Drehen Sie die Musik laut, sodass man sie auch auf seiner Terrasse hört, werfen Sie ein paar Äste auf seinen Rasen, stapfen Sie durch seinen Garten, weil Ihnen beim Spielen angeblich ein Ball hineingeflogen ist oder weil die Katze weggelaufen ist. Sie haben keine Katze? Sind Sie sicher? Und weiß das auch der Nachbar?

Falls Ihr Nachbar nun seinerseits beginnt, Revierverletzungen vorzunehmen, fangen Sie ihn spätestens im Garten ab und laden ihn auch nur dort zu einem Glas eines Getränkes ein, dessen Genuss mit einer kriegerische Handlung nicht in Einklang zu bringen ist. Dazu gehören infantile Getränke wie Apfelsaft (vielleicht in einem Mickymausglas serviert), Kakao und Joghurtgetränke für Kinder. Es ist unwahrscheinlich, dass Ihr Nachbar noch mit Ihnen in eine Konfliktlage eintreten kann, wenn er an einem Strohhalm nuckelt und Bananenshake einsaugt. Falls er die Einladung ablehnt, kann er ohnehin nichts anderes mehr tun als zu verschwinden.

Klingeln Sie an seiner Tür und bitten ihn um einen Gegenstand, den Sie gerne von ihm leihen möchten. Um das zu tun, stellen Sie aber keine Frage. Sie teilen lediglich höflich mit, dass Sie gerne dieses oder jenes leihen wollen.

Einer seiner Gegenstände in Ihrem Besitz wird seine Energie schwächen. Seien Sie während des Leihvorgangs korrekt, aber nicht zu freundlich. Leihen Sie sich seinen neuen Rasenmäher, die Bohrmaschine oder ein Ei.

Falls Ihnen der Gegenstand, den Sie leihen wollen, tatsächlich gegeben wird, gehen Sie mit einem kurzen Dank wieder in Ihr Revier. Bei der Rückgabe machen Sie dann ein paar beiläufige, aber abfällige Bemerkungen über die Qualität der geliehenen Gegenstände.

Falls Ihr Nachbar nun seinerseits einen nachbarschaftlichen Leihvorgang in die Wege leitet, verweigern Sie ihm diesen mit dem Hinweis, dass man sich dafür ja wohl noch nicht gut genug kennen würde. Bleiben Sie höflich, aber bestimmt. Sprechen Sie zu ihm wie zu einem Kranken.

Oder folgen Sie Ihrem Nachbarn uneingeladen in sein Haus, das wird ihn mürbe machen. Spähen Sie mit gut gelaunter Lockerheit in alle Räume, nehmen Sie auch einmal etwas in die Hand und stellen Sie es kopfschüttelnd wieder hin.

Versuchen Sie schon vorher, Kontakt zu dem Gefühl aufzunehmen, das Sie in Ihrem Inneren während dieser Phase erzeugen müssen. Fühlen Sie sich nicht wie der unhöfliche Mensch, der Sie zugegebenermaßen heute sind, fühlen Sie sich wie ein Krieger, der den Notwendigkeiten des Krieges Rechnung trägt.

Machen Sie nicht den Fehler, in Zeiten des Waffenstillstands nach dem Konflikt Ihr Verhalten im Sinne Ihres Feindes zu verbessern. Verschlechtern Sie es lieber. Hören Sie extralaute Musik, parken Sie Ihr Auto vor seiner Auffahrt, lassen Sie Bälle in seinen Garten fliegen. Seien Sie sein Feind.

Wichtig: Führen Sie den Krieg immer nur für ein oder zwei Tage, damit er nicht Ihr Leben dominiert. Dann machen Sie einen Monat Pause, in dem Sie den Nachbarn völlig ignorieren, bevor Sie abermals systematisch beginnen, sein Revier zu verletzen. Mehr als zwei oder drei dieser Kampfphasen werden kaum nötig sein, um den vorgeblichen Feind zu verwandeln. Vielleicht verwandelt er sich nicht wirklich. Aber Sie werden nicht mehr das Gefühl haben, dass er ein echter Feind ist. Lassen Sie sich niemals von Rachegedanken tragen. Beruhigen Sie Ihre Fantasien. Testen Sie die Feindschaft Ihres Rivalen nicht, weil Sie Ihr Mütchen kühlen wollen. Beginnen Sie einen Kampf, weil es interessant ist, zu erfahren, wie stark der vermeintliche Feind ist.

Um diese Art von Kampf zu führen, ist eine gewisse räumliche Nähe notwendig. Distanzgefechte sollte man den Anwälten überlassen. Langstreckenwaffen gehören nicht in zivile Hände.

Das sagt der innere Schweinehund

Werde ich nicht zu einem schlechten Menschen, wenn ich mich an diese Regeln halte? Werden mich nicht alle meine Freunde verlassen? Bin ich dann nicht irgendwann ganz alleine auf der Welt oder fühle mich zumindest so?

Königlicher Rat

Wenn der Mensch erwachsen ist, stellt er fest, dass er alleine ist. Dieser Erkenntnis entgeht niemand. Die Frage ist nur, ob Sie diese existenzielle Erfahrung verdrängen, oder ob Sie sich mit ihr auseinander setzen. Wenn Sie sich dazu entschließen, der Welt im Bewusstsein dieser Einsamkeit zu begegnen, werden Sie auch nicht umhinkommen, sich gelegentlich zu verteidigen. Das Üben der Kriegskunst wird Sie umfassend stärken und Ihnen auch ein gutes Rüstzeug geben für weitere Unbill des Lebens. Fürchten Sie sich nicht. Sie werden alle Probleme meistern.

9

Trennung, Tod und Teufel

1. Der König in der Krise

Zu den großen Irrtümern der meisten Menschen gehört die Annahme, dass es Lebensformen gäbe, die wie ein Schutzschild gegen das Schicksal wirken. Weit verbreitet ist vor allem die Annahme, dass reiche oder prominente Zeitgenossen weniger häufig und weniger heftig von schweren Katastrophen heimgesucht werden, oder dass es ihnen zumindest leichter fällt, damit umzugehen.

Leidet etwa Julia Roberts weniger unter ihrem ständigen Liebeskummer als ein namenloses Ladenmädchen in Nordhausen oder North Hollywood? Kann man sich etwa besser trösten, wenn man auf dem Kiesweg des eigenen Parks entlangknirscht und dabei traurig auf einen geerbten See blickt? Brennen Tränen vielleicht weniger feurig, wenn sie einen makellosen Teint hinab in den Kragen einer Armani-Bluse kullern? Glauben Sie das wirklich?

Auch auf alltäglichem Niveau haben viele Menschen das Gefühl, dass sie, wenn schon nicht durch Geld und Grazie, so doch zumindest durch die tadellose Bewältigung von Krisen eine Art Absicherung gegen künftige Tiefschläge erreichen könnten. Und hätte man nicht tatsächlich vielleicht ein paar Pluspunkte auf dem Schicksalskonto verdient? Wehrt das nicht doch die Dämonen ab? Oder sieht das Schicksal mich vielleicht nicht, wenn ich mich unauffällig verhalte und die Tarnkappe der Normalität trage? Ist es das, was Sie glauben?

Der jahrhundertelange Umgang mit den Ablass-Dogmen der unterschiedlichen Religionen hat in uns allen den Eindruck verankert, dass das ganze Leben von irgendeiner höheren Macht notiert werde, und zwar in doppelter Buchführung. Wenn ich eine schwere Krise überwunden habe, dann trifft mich doch bestimmt keine zweite. Wenn ich lange genug strebsam arbeite und dabei tüchtig leide, dann werde ich eines Tages die verdienten Früchte meines Tuns ernten. Wenn ich mich gesund ernähre, werde ich garantiert älter als mein Bratwurst verschlingender Nachbar. Wenn ich noch jung bin, habe ich ein höheres Recht auf Leben als ein älterer Mensch. Und wenn es lange schlecht war, dann muss es jetzt ja einfach besser werden. Allein schon, weil ich nicht mehr weiter kann. Von wegen.

Wenn Sie den inneren König bis zur allerhöchsten Stufe seines persönlichen Glücks weiterentwickeln wollen, müssen Sie sofort mit dem Glauben an die doppelte Buchführung aufhören. Es gibt sie nämlich nicht. Nicht auf metaphysischem Gebiet, und auch nicht auf mathematischem. Selbst nach den Regeln der statistischen Wahrscheinlichkeit sind Sie nach einer überstandenen Katastrophe keineswegs vor einer weiteren der gleichen Art gefeit. Nicht einmal im positiven Sinne. Wenn Sie heute einen Sechser im Lotto hatten, ist die Chance, dass Ihnen am kommenden Sonnabend das gleiche Glück abermals zuteil wird, genauso hoch oder niedrig wie beim ersten Mal.

Es ist natürlich wenig königlich, den Dingen einfach ihren Lauf zu lassen. Der innere König ist kein Fatalist, denn obwohl er weiß, dass er sein Schicksal nicht beeinflussen kann, hat er doch eine Haltung dazu. Er beschäftigt sich bewusst und wach mit den Fährnissen des Lebens, er wehrt sich und er kämpft, wenn der richtige Zeitpunkt gekommen ist, und er lässt die Dinge geschehen, die er nicht oder noch nicht beeinflussen kann.

Achten Sie in Krisenzeiten besonders sorgfältig darauf, dass die Lebensbereiche, die nicht betroffen sind, gestärkt werden. Achten Sie beispielsweise besonders auf Ihre Finanzen, wenn Sie krank sind, und auf Ihre Gesundheit, wenn Sie eine Krise im Beruf haben.

2. Das Bannen der Dämonen

Der Lebensweg des inneren Königs gleicht einer Expedition durch einen dichten und bislang unerforschten Urwald, der niemals zuvor von einem anderen König betreten wurde. Niemand kann genau vorhersagen, was die nächsten Meter bringen werden: Kletten und Schlingpflanzen, die die Füße des königlichen Abenteurers fesseln, Sümpfe, die ihn zu verschlingen drohen, wilde Tiere, die ihm plötzlich in den Nacken springen. Aber auch: süße Früchte, die ihm in den Mund wachsen, goldene Käfer, die seinem Auge schmeicheln, und schillernde bunte

Vögel, die sich kreischend in die Lüfte erheben und ihm die Illusion geben, dass andere Lebewesen in schwindelnden Höhen mehr Überblick haben als er selbst.

Er wird auf zähnebleckende Affen treffen und auf stummstolze Ureinwohner, auf Vipern und auf Würgeschlangen, und manchmal wird der Dschungel so dicht sein, dass der königliche Abenteurer den Himmel nicht mehr erkennen kann. Die Dunkelheit wird ihn einhüllen. Er wird sich verletzen und blutige Schrammen davontragen, er wird manchmal dursten und hungern, und er wird mehr als einmal einen gewaltigen Schreck vor den Krokodilen des Flusses bekommen. Macht das ganze Spaß? Bestimmt nicht die ganze Zeit lang. Aber immerhin ist es ein Abenteuer.

Die Worst-Case-Übung

Üben Sie sich darin, echte Schicksalsschläge von der Art Malheur zu unterscheiden, das man am ehesten als Bedienungsfehler bezeichnen könnte. Wenn Sie ein gelassener und verantwortungsvoller Autofahrer sind und schuldlos in einen schweren Verkehrsunfall verstrickt werden, muss man das wohl als Schicksalsschlag ansehen.

Ein Bedienungsfehler wäre es, wenn Sie in der Dämmerung besonders gern mit dem Auto über Landstraßen rasen, die für Wildwechsel bekannt sind, und sich dabei nicht anschnallen. Kann natürlich trotzdem gut gehen. Aber wohl nicht auf Dauer.

Und wenn Sie sich wider besseres Wissen auf einen verheirateten Geliebten einlassen und der nach einer heißen Affäre am Ende zu seinem Ehepartner zurückkehrt, kann man das auch kaum einen Schicksalsschlag nennen.

Warten Sie auf einen verregneten Sonntagnachmittag und setzen Sie sich an den Zeichentisch in Ihrem Salon. Zünden Sie eine Kerze an, die Sie auf einen großen feuerfesten Untersatz stellen. Nehmen Sie nun einen Bogen Papier zur Hand. Schreiben Sie all die möglichen Ereignisse auf, die Ihnen im Laufe Ihres Lebens zustoßen könnten und vielleicht auch zustoßen werden: Tiefschläge, Schicksalsschläge, Gehaltsabschläge und körperliche Schläge, kurzum: Schläge aller Art.

Nun gehen Sie die Liste in Ruhe durch und streichen alle Ereignisse aus, die Sie selbst bis zu einem gewissen Grad steuern können. Da ist vielleicht die Angst vor dem Alleinsein, vor einer Gewichtszunahme oder davor, bei einem Schiffsuntergang ums Leben zu kommen. Alles irgendwie vermeidbar.

Nun werden vermutlich noch einige albtraumhafte Ereignisse übrig sein, die Sie nicht verhindern können, egal welche Vorsorge Sie treffen. In diese Kategorie gehören schwere Krankheiten und unverschuldete Unfälle, manche Arten von Entlassungen und Kündigungen, Gewalttaten, Börsencrashs, Erdbeben, Steuerfahnder, das traurige Ereignis, dass sich Ihr Partner plötzlich einem anderen Menschen zuwendet, und der Tod an sich.

Halten Sie Ihre Liste der Dämonen über die Kerze und verbrennen Sie das Blatt Papier. Verabschieden Sie sich damit von Ihrem Bedürfnis, Ihr Schicksal zu kontrollieren. Letztlich geht es auch nicht darum, ob Ihnen ein bestimmtes Schicksal wirklich widerfährt. Es geht darum, die Erschütterung zu überstehen. Und das werden Sie nur können, wenn Sie keine Angst haben und sich bemühen, einen nüchternen Blick auf Ihr Leben zu werfen.

Verbieten Sie es sich künftig, mit Ihrem persönlichen Schicksal zu hadern oder es mit dem Schicksal anderer Menschen zu vergleichen. Kontrollieren Sie Ihre Gefühle. Bei der Verteilung des Schicksals geht es weder gerecht noch fair zu, es gibt keine Strafen und Wiedergutmachungen, und der glückliche Gewinner kann durchaus der Dümmste, Faulste und Frechste sein. Werden Sie sich darüber klar, dass die Spielregeln des Lebens nicht mit denen von Schach oder Poker zu vergleichen sind. Strategische Intelligenz und Nervenstärke werden Sie nicht vor Ihrem Schicksal bewahren. Sie können Ihnen höchstens dabei helfen, es zu verarbeiten.

Verbieten Sie sich jeglichen Neid auf das Schicksal anderer Menschen, auch wenn es Ihnen ganz und gar unverdient erscheint, dass diese gesünder, schöner, berühmter, erfolgreicher und reicher sind. Man kann sich nicht zu etwas in Beziehung setzen, das vom Chaos bestimmt wird.

Verbieten Sie sich künftig auch jegliches klammheimliche Wohlgefühl, das Sie beim Anblick derer beschleichen mag, denen etwas viel Schlimmeres zugestoßen ist als Ihnen selbst. Wenn in den Nachrichten von einer Katastrophe die Rede ist, bei denen Menschen ums Leben gekommen sind, wenn Ihr Nachbar vom Schlag getroffen wird und Ihr Kollege von einer unheilbaren Krankheit heimgesucht wird, wenn die Nachbarskinder missraten, der Neffe vom Chef von seiner Freundin betrogen wird und die Cousine im Urlaub nur Regenwetter hatte – in all diesen Fällen erscheint Ihnen Ihr eigenes Dasein vielleicht einen Augenblick lang viel heller und schöner als zuvor. Der innere König aber sollte versuchen, solche erbsenherzigen Vergleiche aus seinen Gedanken zu verbannen. Üben Sie sich lieber in Mitgefühl und Anteilnahme.

3. Das Schicksal des Königs

Der Begriff der Entropie stammt ursprünglich aus der Physik, genauer gesagt aus der Thermodynamik. Nach dem Entropiesatz, dem zweiten Hauptsatz der Thermodynamik, versuchen Gegenstände eines Systems immer, sich zu vereinigen. Bei diesem Vereinigungsversuch allerdings passiert leider das Gegenteil dessen, was man als romantischer Laie gerne vermuten möchte: nicht etwa Harmonie entsteht, sondern jeder geordnete Zustand hat das Bestreben, sich zu einem ungeordneten zu verändern. Es entsteht Chaos. Entropie ist der Drang zur Unordnung aller Dinge und Systeme, aber sie ist nicht die Unordnung selbst, sie ist ein Ordnungsverlustfaktor. Und sie bestimmt unser komplettes Leben, fühlbar vor allem in den dunklen Phasen des Daseins.

Weil die Entropie, wie man heute weiß, ein universelles Lebensgesetz darstellt, wird der Begriff in der Forschung zunehmend auch auf Vorgänge der Astrophysik, der Mathematik, der Informatik, der Biologie, der Soziologie und der Psychologie angewendet. Dabei gelten, rein wissenschaftlich betrachtet, folgende Gesetzmäßigkeiten:

1. Geordnete Zustände sind immer nur künstlich und mit einem hohen Verbrauch von Energie herzustellen. Bei der Entstehung von Chaos jedoch, der höchsten Form der Entropie, wird überhaupt keine Energie verbraucht, im Gegenteil: Es wird sogar Energie erzeugt.

2. Je größer das System ist, desto größer ist seine Entropie. Das bedeutet, dass sich komplexe Strukturen wie zum Beispiel Organisationen und Familien immer und unaufhaltsam in Richtung Chaos bewegen.

3. Und noch eine gute Nachricht zum Schluss: Je größer das Chaos, desto wahrscheinlicher ist die Chance zu einer Veränderung, und letztlich zur Evolution.

Nun hat das Individuum an sich natürlich wenig von dem Wissen, dass es durch seine oftmals als unangenehm empfundene Existenz zur Evolution beiträgt. Aber vielleicht ist es doch ein Trost, dass wenigstens die Naturwissenschaftler dem auf der Spur sind, was sie Entropie nennen und was wir in seinen chaotischen Auswirkungen dann als Schicksal bezeichnen: Sämtliche Verstrickungen, in denen Menschen sich befinden, folgen einer naturgegebenen Bewegung in Richtung Chaos. Deshalb sind sie unausweichlich und in ihrer Qualität schicksalhaft.

Der Mensch kann sich seinem Schicksal immer nur für kurze Zeit entziehen, denn geistige, körperliche, seelische oder spirituelle Lebenskrisen sind wissenschaftlich betrachtet nichts anderes als eine immer wiederkehrende Bewegung zur Unordnung. Alle Lösungen sind immer nur vorübergehend. Und sie kosten, nicht nur im rein physikalischen Sinne, viel Energie.

Die Kunst besteht darin, in einer entropischen und vom Schicksal stark geprägten Lebensphase die Dinge geschehen zu lassen und nicht zu viel Energie darauf zu verschwenden, dem ohnehin eintretenden Chaos die Stirn zu bieten. Denn Entropie ist auch die alles entscheidende Voraussetzung für jede vom Individuum gewünschte Weiterentwicklung.

Warten kann man auf zweierlei Art: bewusst und unbewusst. Der innere König wartet natürlich bewusst darauf, dass sich sein persönliches Schicksal bis zum höchstmöglichen Grad chaotisiert hat, er wartet, bis in der optimalen Unordnung eine neue Art von höherer und nach dem Naturgesetz sinnvollere Ordnung zu erkennen ist.

Der innere König wartet, aber er dämmert nicht dahin. Sein Warten ist nicht das dumpfe Ausharren in der Lounge des Lebens, wo die Verdammten dieser Erde auf klebrigen Bänken lagern und von trägen Fliegen umschwirrt werden.

Das Warten des inneren Königs ist ein heiteres Verweilen im Halbschatten der Ereignisse. Der innere König weiß, dass ihm erst dieses Geschehenlassen von Entropie die Möglichkeit bietet, sein Schicksal anzunehmen und damit zum Guten zu wenden. Er kennt sich aus und ist sich darüber im Klaren, dass Entropie ein nicht umkehrbarer Prozess ist. Gegenwehr ist zwecklos und dumm dazu. Der innere König ist hellwach, während er darauf wartet, dass ein Zustand größter Entropie nun seinerseits so viel Energie erzeugt, dass er sich davon bedienen kann. Das ist das Ende des Wartens und der Anfang erneuten Handelns. Dies ist das Ende der Lebenskrise.

4. Die Kunst der Analyse

Versuchen Sie unbedingt, die Dinge zu analysieren, die Ihnen Kummer bereiten: Habe ich die Krise selbst durch einen Bedienungsfehler verschuldet? Kann ich selbst etwas tun, um mein Los zu ändern oder sogar zu verbessern? Dann lohnt sich bestimmt eine diplomatische Bemühung oder gar ein Kampf. Oder ist mein Unglück das Ergebnis eines entropischen Vorganges? Es ist von allergrößter Wichtigkeit, dass Sie sich darüber klar werden, was gerade mit Ihnen geschieht.

Fünf Regeln für das Verhalten inmitten eines entropischen Sturmes

1. Lassen Sie sich nicht fallen und bleiben Sie wachsam. Aber kämpfen Sie nicht gegen Vorgänge, die Sie nicht mehr steuern können. Das würde nur Ihre kostbare Energie verschlingen.

2. Bedenken Sie, dass entropische Vorgänge ohnehin nicht umkehrbar oder aufhaltbar sind. Sie sind nicht einmal zu verlangsamen.

3. Betrachten Sie Ihre Zukunft in dieser Phase nicht mehr als eine Ansammlung von Projekten und Zielen. Denken Sie lieber in Prozessen, in Verläufen und Wegen.

4. Halten Sie aufmerksam Ausschau nach dem Punkt, an dem der entropische Vorgang abgeschlossen ist. Er dauert nicht ewig. Wenn eine wertvolle Vase vom Regal fällt, dauert das nur Sekundenbruchteile. Wenn die königliche Ehe zerbricht, müssen Sie mit höchstens einem Jahr rechnen.

5. Seien Sie sich der Tatsache bewusst, dass Ihnen gerade das Beste und Spannendste widerfährt, was das Leben für uns parat hat: die Chance auf eine tief greifende strukturelle Veränderung.

Wenn Sie die Sache hinter sich haben, wird nichts mehr so sein, wie es war. Und das ist gut so, zumindest von einer höheren Warte aus betrachtet.

Vier Regeln für das Verhalten nach dem Ende eines entropischen Sturmes

1. Halten Sie sich vor Augen, dass das Entropiegesetz wie auch alle anderen universalen Lebensgesetze an sich weder gut noch böse sind. Versöhnen Sie sich mit den hinter Ihnen liegenden Ereignissen.

2. Für das Individuum erhalten Naturgesetze ihre Qualität nur durch den Blick, den wir darauf werfen, und durch die Gefühle, die wir dabei empfinden. Ringen Sie sich dazu durch, das Unvermeidbare gut, interessant oder zumindest gut erträglich zu finden.

3. Wenn die Ereignisse wirklich zu einem Stillstand gekommen sind: Nutzen Sie die Energien, die ein abgeschlossener entropischer Vorgang freigesetzt hat. Bedienen Sie Sie der unbändigen Kräfte des Chaos. Versuchen Sie, eine neue, gleichsam natürlichere Ordnung in der Unordnung zu erkennen.

4. Lassen Sie die Zeit nach dem entropischen Sturm nicht verstreichen, indem Sie sich einfach ausruhen. Sie haben nur jetzt die Möglichkeit, in Ihrem Leben eine tief greifende Änderung zu vollziehen. Machen Sie etwas daraus!

Das sagt der innere Schweinehund

Ich weiß nicht, ob ich einmal die Kraft haben werde, mich meinem Schicksal zu stellen. Ist es denn so schlimm, wenn man Sorgen verdrängt? Ich habe ein große Sehnsucht nach Ruhe und Glück in allen Lebensbereichen. Kann ich mich denn überhaupt noch ändern?

Königlicher Rat

Betrachten Sie Ihr Leben als ein Kunstwerk. Stellen Sie sich einen Film vor oder ein gutes Buch. Je mehr dramatische Wendungen es hat, desto schöner, interessanter und wertvoller ist es.

10

Der glückliche König

1. Von der Liebe und anderen Lustbarkeiten

Seit mehr als dreitausend Jahren geistert eine Liebesgeschichte durch die westliche Welt, die nicht nur wegen ihrer romantischen Qualität überaus bemerkenswert ist. Sie hat das Paarungs- und vor allem das Sehnsuchtsverhalten von vielen Millionen Menschen geprägt. Und sie hat sie alle miteinander unglücklich gemacht.

In Platons »Gastmahl« erzählt Aristoteles folgenden Mythos: Der Mensch sei nichts anderes als die verstümmelte Hälfte eines Doppelwesens. Das sei der geheime Grund für unser erotisches Verlangen, lebenslang nach unserer fehlenden Hälfte zu suchen, die das Ganze erst wieder vollständig werden ließe. Jeder Mensch sei nur der nervöse Rest eines ehemals kompletten Paares, dessen irgendwo auf der Welt verborgenes Pendant nicht aufhöre, den Zurückgebliebenen mit der Sehnsucht nach ganzheitlicher Verschmelzung zu erfüllen.

Weniger platonisch ausgedrückt: Wir alle sind eine Art vertikal halbierte Engel, die alleine entweder überhaupt nicht oder zumindest nur im Kreis fliegen können. Wir sind Töpfe ohne Deckel, Federn ohne Kiel, Brötchen ohne Butter, Hipp ohne Hopp. Wir sind alleine nicht komplett. Glauben Sie das auch? Dann lassen Sie sich eines Besseren belehren.

Der hoch entwickelte innere König ist selbstverständlich bereits ein komplettes Wesen, dem nichts und niemand fehlt. Das allerdings muss nicht heißen, dass er sein Leben auf jeden Fall ohne einen Mitbewohner oder gar Liebespartner führt, er kann auch heiraten, sogar mehrfach.

Er sollte aber darauf achten, sich mit einem ebenfalls kompletten Menschen zu verbinden, mit einem, der ihm anderes zu bieten hat als ein Spiegelbild und ein Echo. Wie königlich ein Mensch wirklich ist, kann man auch an der Qualität seines Gefährten sehen, an dessen Unabhängigkeit, seinem Stolz und seinem Charisma.

Grundsätzlich sollte man sich von dem Gedanken befreien, dass mögliche künftige Lebenspartner zu einem exklusiven kleinen Kreis von höchstens ein oder zwei infrage kommenden Kandidaten gehörten. Das ist ganz gewiss nicht so. Es gibt immer viele Hunderte von Möglichkeiten, die meisten davon in Ihrer unmittelbaren Nähe. Wenn wir evolutionär dazu bestimmt wären, nur mit einem bestimmten Partner oder vielleicht zweien glücklich zu werden, die sich noch dazu am anderen Ende der Welt aufhalten, hätten wir Puzzlestückchen anstelle der primären Geschlechtsmerkmale.

In diesem Zusammenhang ist natürlich auch das Wort »Partnersuche« völlig unangebracht, schließlich geht es nicht darum, auf einer Kräfte zehrenden Expedition einen bislang unentdeckten seltenen Nachtfalter zu finden, von dem es nur ein einziges Exemplar gibt. Am besten, sie streichen die unwürdige »Partnersuche« aus Ihrem Wortschatz. Sie ist nicht königlich. »Partnerwahl« ist besser.

Gewöhnen Sie sich an den Gedanken, dass der innere König mit seiner Ausstrahlung und seiner großen Anziehungskraft eigentlich jeden anderen Menschen bezaubern kann, um mit ihm eine Stunde zu verbringen, einen Tag, eine Nacht oder den ganzen Rest des Lebens. Wenn Sie jemanden wirklich wollen, werden Sie ihn auch bekommen. Jetzt sofort, nächstes Frühjahr oder in zwanzig Jahren. Wählen Sie Ihren König oder Ihre Königin mit Bedacht.

2. Die Fallen der Liebe

Die Harmoniefalle

Befreien Sie sich nicht nur vom Mythos des Aristoteles, befreien Sie sich auch von den Richtlinien, die in Frauenzeitschriften und Ratgeberbüchern immer wieder variiert werden. Zu viel Harmonie ist auf die Dauer langweilig.

Ein glückliches Königspaar besteht nicht aus zwei gleich dicken, gleichermaßen an Operetten interessierten Steuerberatern, die aus dem gleichen Milieu kommen und beide in Jeans und Abendkleid die gleiche Figur machen, während Parität auf ihren Konten herrscht und sie sich einig sind in Bezug auf ihre ausgeglichene Altersversorgung. Ein glückliches Königspaar besteht aus zwei einander zugewandten Individuen, die ihre Geheimnisse eine unendlich lange Zeit bewahren können, jeder die seinen.

Die Symbiosefalle

An besonders einsamen und romantischen Stränden trifft man gelegentlich auf ein perfektes Paar: Es sind der Pistolenkrebs und die Wächtergrundel, beide kleine Wasserbewohner. Die Grundel, die genauso aussieht, wie sie heißt, liegt vor dem gemeinsamen Sandloch und hält es durch ondulierende Bewegungen mit dem Schwanz von Flugsand frei. Dabei hält sie nach Feinden Ausschau. Das macht sie gut. Aber mehr kann sie nicht. Zur Mitarbeit beim Höhlenbau fehlen ihr die körperlichen Voraussetzungen. Der Pistolenkrebs hingegen, der zwar abschreckend mit den Scheren knallen kann, aber leider völlig blind ist, hockt derweil in der Tiefe des Sandes und baggert eine schöne Höhle frei. Mit seiner Antenne hält er ständigen Kontakt zu seiner Grundel. Wenn Gefahr droht, ziehen sich beide ins Innere der Behausung zurück. Keiner der beiden Partner ist ohne den anderen lebenstüchtig: Die Grundel hätte ohne den Pistolenkrebs kein Dach über dem Kopf. Der Krebs hingegen würde ohne das Fischchen bald blind in seinen Untergang krabbeln. Man nennt dies eine symbiotische Beziehung oder auch Symbiose.

In der Tierwelt haben solche Partnerschaften große Vorteile. Wenn Sie jedoch je das Wort Symbiose im Zusammenhang mit der Partnerschaft zwischen Menschen hören sollten, laufen Sie am besten fort, so schnell Sie nur können. Symbiotische Beziehungen mögen zwar für eine Weile sehr beruhigend sein, aber sie bergen immer große Gefahren.

Die drei Gefahren der symbiotischen Beziehung

1. Anders als in der Tierwelt, in der es keine sich verschlechternden Paarbeziehungen gibt, neigen symbiotische Beziehungen unter Menschen dazu, sich in parasitäre Beziehungen zu verwandeln, in denen schließlich der eine immer nur gibt, während der andere immer nur nimmt.

2. Symbiotische Beziehungen schwächen die einzelnen Partner, indem sie sie in den Glauben versetzen, alleine nicht mehr lebensfähig zu sein.

3. Symbiotische Beziehungen haben den Nachteil, dass sie stets ein böses Ende nehmen: Wenn einer der Partner sich davonmacht, weil er ein neues Leben beginnen möchte, eine neue Liebe oder eine Ausbildung zum Heilpraktiker, sitzt der andere dumm da.

Die männliche Bodyfalle

Der berühmte Philosoph Moses Mendelssohn (1729–1789), Gründer einer ganzen Dynastie von Mendelssohns, und Großvater des Komponisten, war ein hässlicher kleiner Mann von schwacher Gesundheit, zudem hatte er auch noch einen Buckel. Eines Tages lernte er den Hamburger Kaufmann Guggenheim kennen, der ihn zu sich einlud. Moses nahm die Einladung gerne an. Die Tochter des Kaufmannes, ein wunderschönes junges Mädchen, hatte immer von Mendelssohns Schriften geschwärmt, und brannte darauf, ihn persönlich kennen zu lernen, aber als sie ihm von Angesicht zu Angesicht gegenüberstand, war sie von seinem Äußeren so sehr abgestoßen, dass sie am liebsten die Flucht ergriffen hätte.

Da erzählte Mendelssohn ihr folgende Geschichte: Er habe vor langer Zeit ein Gespräch mit Gott geführt und dieser habe ihm mitgeteilt, dass er die Tochter des reichen Kaufmannes Guggenheim heiraten müsse. Allerdings habe die Sache einen kleinen Haken. Die Tochter nämlich sei hässlich wie die Nacht, alt und kümmerlich, und zudem habe sie einen schrecklichen Buckel. Mendelssohn habe lange gefeilscht, aber Gott habe sich nicht von seiner Grundidee abbringen lassen. Schließlich aber hätten sie doch folgenden Kompromiss erzielt: Gott habe eingewilligt, statt des Mädchens dann wenigstens nur ihn, den Philosophen, alt und hässlich und bucklig zu machen. Das Mädchen wolle er im Gegenzug verschonen. Und so sei es schließlich geschehen.

Als die Kaufmannstochter diese Geschichte hörte, war sie so gerührt, dass sie sofort einwilligte, Moses Mendelssohn zu heiraten. Sie wurden sehr glücklich miteinander und waren mit einer riesigen Kinderschar gesegnet.

Die weibliche Bodyfalle

Der edle Gawein, Ritter der Tafelrunde, traf auf seinen Reisen in die Tiefen der Wälder auch Kundri, die Hexe. Sie hatte Eberzähne und borstige Haut, und sie war selbst für eine Hexe noch ungewöhnlich unattraktiv. Außerdem trachtete sie ihm nach dem Leben. Gawein könne ihr nur entkommen, so sagte sie, wenn er die richtige Antwort auf eine bestimmte Frage herausfinden würde, dazu habe er ein Jahr lang Zeit. Die Frage lautete: Was wollen Frauen wirklich?

Als Gawein nach einem Jahr zurückkehrte, hatte er tatsächlich eine Antwort gefunden: Frauen wollen Männer beherrschen.

Kundri jedoch war mit dieser Antwort noch nicht wirklich zufrieden. Sie stellte eine weitere Bedingung. Gawein solle sich mit ihr vermählen, erst dann schenke sie ihm das Leben. Um es dem Ritter nicht unnötig schwer zu machen, stellte sie ihm jedoch in Aussicht, dass sie sich in eine wunderschöne Frau verwandeln werde. Allerdings nicht dauerhaft. Gawein solle wählen, was ihm lieber sei: Entweder wolle sie tagsüber attraktiv sein und nachts eine Hexe oder aber umgekehrt: am Tage hässlich und eine wunderschöne Frau in der Nacht.

Zu Kundris großen Überraschung willigte Gawein gerne ein und entschied sich ohne Zögern für die Schönheit seiner Frau in der Nacht. Und das war nun wirklich die richtige Antwort. Er löste damit den Zauber, der auf Kundri lag, und sie lebten glücklich und zufrieden.

Gehen Sie nicht in die Bodyfalle, denn der menschliche Körper bleibt bekanntlich nicht über viele Jahre lang so, wie er war. Lassen Sie sich bei der Wahl Ihres Königs oder Ihrer Königin nicht von Äußerlichkeiten blenden, weder im positiven noch im negativen Sinne.

3. Das innere Gemälde

Das innere Bild, das jeder von sich selbst hat, hat mit dem Foto in unserem Reisepass absolut nichts gemeinsam. Und das liegt an der Umgebung. Während wir auf dem Bild im Reisepass vermutlich vor einem farblich passenden Vorhang sitzen, ist das innere Bild eher mit einem barocken Gemälde vergleichbar. Wir haben darauf einen Hintergrund, eine Kulisse und ein Umfeld. Vielleicht sehen wir uns selbst, wie wir auf einer Wiese lagern, inmitten eines Feldes von Blumen, oder an einem tropischen Strand. Manch einer sieht sich selbst vielleicht auch eher durch einen Dschungel voller böser Tiere stapfen, oder er kämpft sich einen steilen Felsen hinauf. Und selbst wenn Sie das Gefühl haben sollten, dass Sie am besten inmitten einer Halde aus unbearbeiteten Akten dargestellt sind, muss diese Halde in Ihrem wirklichen Leben nicht unbedingt existieren.

Jeder von uns sieht sich selbst und die ihn umgebende Welt auf seiner inneren Landkarte wie auf einem opulenten Gemälde vor sich, das in Lebenskrisen auch immer wieder neu gemalt werden kann. Eine der beiden Kernfragen ist, wie groß der Ausschnitt der Welt ist, der auf diesem Bild dargestellt ist. Es kann ein Garten sein, ein Dorf, eine Stadt, eine Landschaft oder gleich das ganze Universum. Aber es ist auch von großer Bedeutung, wie wir uns selbst in dieser kleinen oder großen Welt wahrnehmen, und wie wir mit ihr umgehen. Sehen Sie sich selbst als Gärtner, als Forscher oder als Abenteurer? Haben Sie das Gefühl, dass Sie in einer feindlichen Welt sind oder erscheint Ihnen Ihre Umgebung eher anregend? Und wie ist das Wetter? Sind Sie ein Sonnenkind oder eilen Sie unter einem wolkenjagenden Sturmhimmel dahin? Mögen Sie Ihr Universum oder ist es Ihnen eher unheimlich?

Wenn Sie darangehen, mit einem anderen König ein Königspaar zu bilden, sollten Sie also darauf achten, dass die inneren Gemälde beider Partner zueinander passen. Sie müssen ja nicht das Gleiche darstellen. Aber sie könnten wie die zwei Enden eines barocken Landschaftspanoramas sein, das den Blick von einem sanften Hügelland über liebliche Küsten bis hin zum offenen Meer schweifen lässt. Finden Sie heraus, welche Welt Ihr künftiger Langzeit-Geliebter in sich sieht und wie er damit umgeht. Hinweise dazu bieten diese beiden Fragen:

Die beiden Kernfragen der königlichen Liebe

1. Knusprig oder weich:

Die komplette Menschheit teilt sich in zwei Lager: Menschen, deren Leibspeisen knusprig sind, und Menschen, die Weiches bevorzugen. Wenn Sie selbst zu denen gehören, die abends gerne Chips futtern, die sich nach einem langen Spaziergang nach knusprigem Bauernbrot verzehren und die gerne Äpfel knacken, sollten Sie eines ganz gewiss nicht tun: jemanden heiraten, der süßen Griesbrei mit Himbeersauce mag, duftigen Kartoffelbrei liebt, der nach dem Sport gerne eine Banane isst und eine Schwäche für alles Schokoladige hat. Vergessen Sie ihn. Die Unvereinbarkeit von knusprig und weich ist unter anderem auch eine Garantie für schlechten Sex.

2. Eiweiß oder Eigelb:

Es gibt zwei Arten von Menschen: diejenigen, die das Gelbe vom Ei zuerst essen, weil sie es so gerne mögen, und diejenigen, die sich das Gelbe vom Ei bis zum Schluss aufsparen. Leider betrifft dieser fundamentale Charakterunterschied aber nicht nur den Umgang mit Eiern. Er betrifft das ganze Leben. Da gibt es Leute, die morgens zuerst die unangenehmen Aufgaben erledigen, und solche, die sich zuerst mit einer angenehmen Beschäftigung in Stimmung bringen. Es gibt welche, die ihr überschüssiges Geld heute ausgeben, und andere, die sich den Luxus bis zum Rentenalter aufbewahren, Menschen, die sich ihre Sommerschuhe im Frühling kaufen, und andere, die bis zum Schlussverkauf in Pelzstiefeln herumlaufen. Wenn Sie selbst bislang zu denjenigen gehört haben, die das Gelbe vom Ei immer erst ganz zum Schluss essen, überdenken Sie Ihr Verhalten besser noch einmal. Und dann suchen Sie sich einen Geliebten, der in dieser Frage mit Ihnen harmoniert. Vielleicht erleben Sie ein Wunder.

Das Geheimnis des Springrollos

Früher sagte man, dass ein Mädchen zwei Dinge können muss, bevor sie reif ist für den Umgang mit Männern: Sie muss Brot schneiden können und sie

muss ein Springrollo bedienen können. Letzteres nicht etwa, weil sie in der Lage sein sollte, ein Zimmer zu verdunkeln. Die Fähigkeit, ein Springrollo bedienen zu können, galt früher als Symbol für eine Fertigkeit, die den Umgang mit der Liebe erst möglich macht. Denn wer ein Rollo bedienen will, der muss, genau wie in der Liebe, zwei Dinge gleichzeitig tun können: ziehen und loslassen. Eine schwierige Kunst. Männer und Frauen sollten sie gleichermaßen beherrschen.

Das sagt der innere Schweinehund

Ich brauche meine Freiheit, aber es nervt mich, wenn andere ständig darauf beharren, ungebunden zu sein. Manchmal befürchte ich, dass es nur meine eigene Unsicherheit ist, die mich bei der Entfaltung meiner Amouren hemmt. Gehört diese Unsicherheit vielleicht zu meiner Persönlichkeit? Oder muss ich einfach noch fleißiger an der Stärkung meines inneren Königs arbeiten? Gäbe es die ewige Liebe dann auch für mich?

Königlicher Rat

Das müssen Majestät nun selbst entscheiden. Der innere König verfügt über das gesamte Spektrum der Liebestugenden. Er duldet und verschenkt absolute Nähe und er erträgt und gewährt größtmögliche Distanz. Mit beidem geht er unbekümmert um. Denn er ist ja der König.

11

Der königliche Test

1. Wie geht es Ihrem inneren König jetzt?

Gut müsste es ihm gehen, denn er ist frisch aus einem tiefen Schlaf erwacht und steht nun vor großen Taten. Und sollte er auch an diesem Punkt noch etwas schüchtern sein, macht das gar nichts. In diesem letzten Kapitel haben Sie die Gelegenheit, ihm noch mal Mut zu machen.

Der hier folgende Fragebogen ist kein Test im üblichen Sinne, mehr ein Gedanken- als ein Ratespiel. Befassen Sie sich mit den folgenden Situationen und überlegen Sie sich, wie Sie sich heute verhalten und wie Sie sich früher verhalten hätten. Machen Sie sich auch Gedanken darüber, welches Verhalten Ihnen besser gefällt.

Versuchen Sie aber unbedingt, den jetzigen Stand Ihres inneren Königs nicht negativ zu bewerten, selbst wenn Sie Ihr Verhalten noch einige Male in der Kategorie »innerer Schweinehund« zu erkennen glauben. Gehen Sie die Sache locker an.

Dennoch werden Sie feststellen, dass Sie einige der Antworten bereits intuitiv richtig geben können. Das hängt unter anderem auch damit zusammen, dass Sie den inneren König bereits sehr gut kennen. Kein Wunder. Sie sind es selbst!

Hier finden Sie also sieben Situationen, in die womöglich jeder Mensch im Laufe seines Lebens einmal kommt. Die Frage ist nun: Wie verhält sich der innere König und wie reagiert der Mensch, der immer noch von seinem inneren Schweinehund dominiert wird?

Geburtstag

Die meisten Leute freuen sich auf ihren Geburtstag. Vielen aber ist dieser Tag unangenehm. Vielleicht schätzen sie es nicht, sich feiern zu lassen, oder sie haben die Befürchtung, dass es überhaupt keiner versuchen wird, ihnen eine Überraschung zu bereiten. Möglicherweise scheuen sie auch die Geldausgabe oder sie hassen es, im Mittelpunkt zu stehen. An der Art, wie Menschen ihren Geburtstag feiern, kann man sehr gut erkennen, wie weit ihr innerer König entwickelt ist.

Der König freut sich auf seinen Geburtstag. Aber was er an diesem Tag unternehmen wird, das weiß nur er selbst. Es gibt im Wesentlichen sieben Möglichkeiten:

1. Der König gibt ein rauschendes Fest.
2. Der König beschenkt aus Anlass seines Geburtstages seine liebsten Freunde.
3. Der König bleibt den ganzen Tag im Bett.
4. Der König besucht seine Mutter oder ein anderes Familienmitglied.
5. Der König lässt sich fotografieren oder malen.
6. Der König verbringt den ganzen Tag in der Natur.
7. Der König verschiebt seinen Geburtstag auf einen anderen Tag, der ihm besser zusagt.

Der Schweinehund feiert, bis er vergisst, wie alt er ist, oder bis die anderen so alt aussehen, wie er sich fühlt. Wenn er gut bei Kasse ist, lädt er vielleicht zu dem Italiener ein, zu dem ihn neulich ein Geschäftsfreund geführt hat. Schlachtruf: Bitte guck nicht auf die Preise. Der innere Schweinehund hofft inständig, dass er entweder gar nichts geschenkt bekommt, etwas ganz Teures, etwas, das er umtauschen kann, oder wenigstens nichts Peinliches. Wenn der Geburtstag endlich vorüber ist, hat er das Gefühl, eine Hürde genommen zu haben.

Der Partner gesteht Betrug

Das Herz hört einen Moment auf zu schlagen, das Blut in den Adern gefriert, in den Augenwinkeln brennt es. Hast du das wirklich getan? Es ist ganz klar. Er oder sie hat es getan. Ist einfach fremdgegangen und hat es nun gebeichtet. In einer Situation wie dieser ist die Gefahr des Kontrollverlustes besonders groß. Der bringt zwar für den Moment eine große Erleichterung, schwächt jedoch die Energien des inneren Königs für längere Zeit. Versuchen Sie sich vorzustellen, wie Sie reagieren würden.

Der König kann in Fragen der Liebe gar nicht radikal genug sein, denn wenn er einmal liebt, dann ist auch seine Liebe radikal, umfassend und unendlich.

Dementsprechend verhält er sich. Er lauscht der Beichte, bewahrt Haltung und trennt sich von seinem Partner. Sofort und ohne Wenn und Aber.

Der Schweinehund macht eine Szene mit fliegenden Tellern und viel Geschrei. Anschließend erzählt er die ganze Geschichte in der Gegend herum. Dann versöhnt er sich wieder. Vielleicht führt er auch lange Telefonate mit Freunden oder Freundinnen. Versucht, an der Partnerschaft zu arbeiten. Schweinehunde mit Abitur schlagen an dieser Stelle gerne eine Partnertherapie vor.

DER EHEPARTNER VERLANGT SCHEIDUNG

Nach neuesten Erhebungen sind bei achtzig Prozent aller Ehescheidungen Frauen die wahren Impulsgeber für die Trennung, bei weiteren zehn Prozent sind sich die Ehepartner einig darüber, dass eine Trennung vollzogen werden soll. Aber wie verhalten sich König und Schweinehund während dieser großen Lebenskrise?

Der König versucht den Vorgang der Trennung und der Scheidung von Emotionen möglichst frei zu halten, da er weiß, dass die Zeit der Gefühle mit dem Ende der Ehe ohnehin vorbei ist. Er nimmt sich den besten aller Familienanwälte und fühlt und benimmt sich wie ein hochrangiges Mitglied einer Delegation, die Abrüstungsverhandlungen führt. Diese bilateralen Gespräche haben nur zwei Ziele:

1. Falls Kinder da sind, steht das Wohlergehen der königlichen Kinderschar an allererster Stelle.

2. Ansonsten geht es allein um den Ausgleich aller materiellen Belange. Wenn einer der Geschiedenen als armer Schlucker aus der Sache hervorgeht, wäh-

rend der andere fortan ein Leben in Saus und Braus führen kann, wird die Energie des inneren Königs mittelfristig geschwächt, unabhängig davon, welches Los er selbst gezogen hat.

Der Schweinehund hasst Veränderungen aller Art. Er neigt dazu, sich sein halbes Leben lang in düsteren Verhältnissen zu arrangieren. Im Gegenzug versucht er, Macht über den Partner zu gewinnen. Der akademisch gebildete Schweinehund schlägt gerne ein Arrangement vor, um einer Scheidung aus dem Weg zu gehen. Dann plant er Lebensänderung oder Venedigreise.

Zehnjähriges Betriebsjubiläum

Mit Jubiläen und Ein- oder Ausständen in Firmen haben viele Menschen Schwierigkeiten, weil das Gelegenheiten sind, wo sich auch hartgesottene Bürokämpfer freundlich zuprosten und Artigkeiten austauschen müssen. Ein Betriebsjubiläum im klassischen Sinne birgt immer auch die Gefahr der Heuchelei. Andererseits ist es oft nicht möglich, den Anlass durch Nichtbefassung einfach verstreichen zu lassen, so als sei nichts gewesen. Was also tun?

Der König hat sich diesen Tag freigehalten und seit langem geplant. Er lädt unabhängig von ihrem Rang und ihrer derzeitigen Position drei bis sieben verschiedene Menschen ein, die ihm beruflich wirklich geholfen haben oder die seine Arbeit in all den Jahren erträglicher gemacht haben. Unabhängig davon, ob der innere König eine Position als leitender Angestellter inne hat oder ob er als Hilfskraft für das Ausleeren der Papierkörbe zuständig war und ist, können zu den eingeladenen Personen zum Beispiel folgende zählen: der Seniorchef der Firma, ein Ruheständler, die nette Sekretärin aus der anderen Abteilung, der Portier, die freundliche Dame aus der Kantine oder die Spesenprüferin. Der innere König gibt eine kleine Feier an einem neutralen Ort, deren Anfang und Ende von vornherein feststeht.

Der Schweinehund wartet ab, ob überhaupt etwas passiert, oder lauscht mit roten Ohren der Rede seines Vorgesetzten. Er erhält eventuell ein peinliches Geschenk. Gibt sparsam einen aus. Fühlt sich schlecht. Er bereitet sich langfristig vor, will aber vielleicht kurzfristig kneifen. Er lädt alle ein, die er einladen muss. Dann leidet er unter den Glückwünschen seiner Feinde.

Weihnachten

Das Weihnachtsfest zählt zu den Tagen, an denen missliche Lebensumstände besonders deutlich werden. Paradoxerweise scheint das traute Licht der Kerzen gerade die Probleme einer verqueren Lebensführung besonders hell und deutlich zu bestrahlen. An den Feiertagen zeigt sich schonungslos, wie weit die Entwicklung zum inneren König bereits fortgeschritten ist und wie stark ein Mensch noch immer von seinem inneren Schweinehund dominiert wird. Wie halten Sie es mit den Feiertagen?

Der König ist sich der explosiven Kraft der Weihnachtsfeiertage durchaus bewusst. Darum plant er rechtzeitig und individuell. Zum Beispiel lädt er am vierten Advent oder zu einem anderen jährlich wiederkehrenden Tag in der Weihnachtszeit zu einer festlichen Kaffeetafel oder zu einem Adventsempfang ein. Aus diesem Anlass bittet er anstelle der Geschenke um Spenden für einen wohltätigen Zweck, die Summe rundet er selbst nach oben auf. In der Weihnachtszeit fährt der innere König zu kurzen Besuchen zu nicht reisetüchtigen Verwandten. Er beschenkt Dienstleister wie Müllmänner, Zeitungsfrauen und Putzhilfen. Zu den eigentlichen Weihnachtstagen jedoch macht der innere König, was er wirklich will. Er fährt zum Skilaufen an den Nordpolarkreis, er trifft sich mit Freunden und tanzt die Nächte durch oder er feiert das Fest nach seiner Façon: im Kreise der Familie und mit handverlesenen Verwandten und Freunden. Und wenn es ihm gefällt, dann meldet er sich zum Weihnachtsdienst in seiner Firma oder bei einer karitativen Organisation und arbeitet einfach durch.

Der Schweinehund lässt sich einladen oder lädt ein, und hofft, dass es nicht so teuer wird. Am Heiligen Abend isst er zu viel, trinkt zu viel und schluckt zu viel hinunter. Am 26. Dezember ist er fertig mit der Welt. Bürgerliche Schweinehunde zelebrieren das Weihnachtsfest mit allem Drum und Dran, obwohl sie keine Lust dazu haben. Sie fahren doch wieder zur Familie und ärgern sich drei Tage lang. Dabei wehren sie sich mit ungewöhnlicher Dekoration und anspielungsreichen Geschenken gegen das Mittelmaß.

Es ist Sonntagnachmittag in Hannover

Oder irgendwo sonst auf der Welt. An freien Tagen zeigt sich mit großer Deutlichkeit, wo die Leerstellen im Leben eines Menschen sind und wie er damit umgeht. Wer mit sich allein ist, muss sich entscheiden, was er mit der freien Zeit anfangen will. Füllt er die Stunden mit einer sinnvollen Beschäftigung oder versucht er lediglich, sie zu überbrücken? Genießt er seine Freiheit oder wünscht er sich, in einer Zeitfalte zu sein?

Der König empfindet den Tag als zeremoniefreie Zeit und widmet sich seiner Schönheit, seinem Körper oder seinen Plänen, z. B. durch Reisevorbereitungen. Er erlebt das Wunder des Sonntags.

Der Schweinehund verkriecht sich vorm Fernseher, guckt allein Formal 1, trinkt zwei Bier und fühlt sich dreimal so schlecht wie an einem Wochentag. Vielleicht absolviert er auch einen Volkshochschulkurs, der ihn nicht interessiert, oder er geht durch die Stadt und erlebt sich selbst als einen einsamen Menschen. Dann besucht er einen Leidensgenossen, der ihn eigentlich nervt.

Der Tod

In unserer Gesellschaft ist es üblich, Gefühle zu kollektivieren, die im Zusammenhang mit dem Tod stehen. Nach allgemeinem Dafürhalten ist es dem Individuum kaum zumutbar, die eigene Nähe zum Tod oder die Trauer um andere individuell zu verarbeiten. Beispiele dafür sind die Errichtung von Gedenkstätten, an denen kollektiv getrauert werden soll, und Großveranstaltungen wie Schweigemärsche oder Lichterketten, bei denen die Teilnehmer aufgefordert sind, in großen Gemeinschaften und zeitlich und örtlich begrenzt, ihre Trauerarbeit zu leisten. Für den inneren König jedoch ist dies kein gangbarer Weg. Er hat die Entwicklung seiner Individualität bereits so weit vorangetrieben, dass er für die überwältigende emotionale Qualität von großartig angelegten Trauerveranstaltungen kaum noch empfänglich ist. Er weiß, dass zum Beispiel nach dem Tod von Prinzessin Diana viele Millionen Menschen mehr um sich selbst, um ihre eigenen Toten und um den Verlust ihrer eigenen Träume weinten, als um die unglückliche Exfrau von Prinz Charles. Pompöse Trauerfeiern fremder, meist prominenter Menschen missbraucht er nicht zur kollektiven Aufarbeitung eigener, nicht ausgelebter Trauer. Der innere König unterscheidet zwischen kollektiver und individueller Trauer und hütet sich davor, beide zu vermischen. Er ist sich darüber im Klaren, dass er die Trauer um nahe Freunde und das Bedauern über die Endlichkeit des eigenen Lebens mit sich selbst abmachen muss. Wie verhält er sich im Umgang mit dem Tod in seiner Nähe?

Der König steht Freund und Feind in ihrer Trauer und in ihrem Sterben bei, wenn diese es wünschen. Er selbst verteilt seinen Besitz möglichst noch zu Lebzeiten. Er ordnet seine Verhältnisse aber keinesfalls über die Beerdigung hinaus. Die Angst vor dem Tod ist kein Thema für ihn.

Der Schweinehund hat sich daran gewöhnt, den Gedanken an den Tod zu verdrängen. Insgeheim allerdings hofft er auf Unsterblichkeit. Manchmal verlängert er den Tod ins Leben hinein, indem er sich entweder die letzten zehn Jahre fürchtet oder indem er den Hinterbliebenen noch zehn Jahre lang in deren Leben hineinpfuscht. Dies geschieht oft durch komplizierte Testamente mit allerlei Auflagen oder durch zu Lebzeiten geäußerte Wünsche über von den Erben aufzustellende Monumente oder Ruhebänke mit Messingtäfelchen.

König sein und immer König bleiben

Nach dem Ende dieses Programms werden Sie feststellen, dass Sie nun einen völlig anderen Blick auf sich selbst haben und auf die Menschen und Dinge, die Sie umgeben. Und auch die Menschen in Ihrer Umgebung werden Sie nicht mehr mit den gleichen Augen und in einem anderen Licht sehen. Sie haben sich stark verändert und Sie haben sich gestärkt. Sie fühlen sich leicht und unbekümmert und Sie sind für sich selbst und andere zu einer attraktiven, wahrhaft königlichen Erscheinung geworden. Versuchen Sie, die Kraft, die Sie während dieses Programms errungen haben, in Ihre Zukunft mitzunehmen.

Dennoch aber ist auch der voll entwickelte innere König nicht gegen Anfechtungen gefeit. Seine Zufriedenheit könnte eines Tages leicht in Selbstzufriedenheit umschlagen. Dann dauert es nicht mehr lange, bis der innere Schweinehund wieder sein Haupt erhebt. Lassen Sie das auf keinen Fall zu! Legen Sie dieses Buch zur Seite, aber geben Sie es nicht aus der Hand. In sieben Jahren, wenn eine neue Lebensphase ansteht, haben Sie vielleicht den Wunsch, den inneren König einer Generalüberholung und möglicherweise einer kleinen Kurskorrektur zu unterziehen.

Viel Glück, Majestät!